大展好書　好書大展
品嘗好書　冠群可期

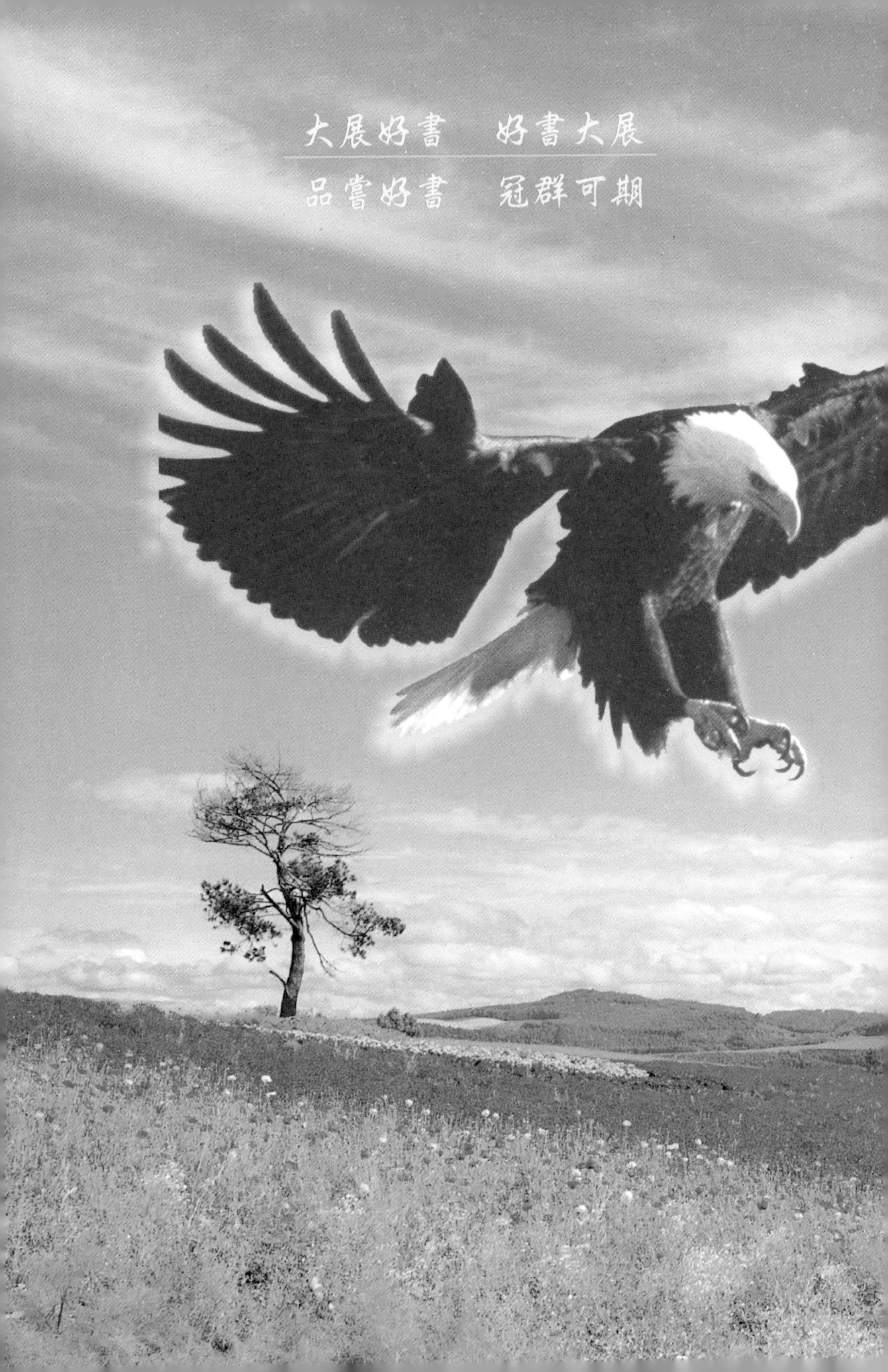
大展好書　好書大展
品嘗好書　冠群可期

成功秘笈④

說服就是這麼簡單

鄭佳軒●編著

大展出版社有限公司

序　言

人手不足……
年輕人見異思遷……
無法如預期地得到別人的協助……
這是人事、營業部的主管們經常有的慨嘆。
目前社會的工作形態已經漸趨機械化、合理化，社會上所盛行的是價值多樣化及生存意義的訴求。不過，經濟景況良好，投資設備增加，工作量也因之急速地成長。
隨著這些演變的急遽進展，逐漸受到矚目的現象是「距離」、「差距」、「代溝」等問題的發生。
工作量急速地增加，年輕的人手卻不斷地減少，這種差距逐漸地擴大。同時，年長者與年輕人間的意識差異所衍生的代溝也不斷地在加深加劇。
每個人在其現有的立場上，為了彌補這些「距離」、「差距

」、「代溝」，於是必須用心地積極表現自己。藉由這種方式以促進人際往來的順暢。

在人手不足的營業部門，對其主管而言，最大的課題無非就是要如何去說服部屬努力工作為其效命吧！但是，所謂說服並不是指單向遊說對方的手法。

現在的時代，必須透過充分的溝通使對方能心悅誠服，這樣才能使對方如所預期地行動。若只是一味地強求，即使對方當時不敢違逆，但其結果卻會擴大彼此的距離，或造成代溝。

本書就是以討論這類的問題為基礎，以實際的例子闡述人在日常交際往來中如何表現出適當的自我表現與說服別人的技巧。

現代人的言談方式、聽話方式、溝通方式，已經大異於從前了。這是有目共睹的事實。以往認為自我主張、自我表現，並非美德的觀念，已經轉變成自我主張、自我表現是絕對必須的時代了。一個主張或表現相對地必須要有人去傾聽或順從。

本書所要闡述的是具體的方法論，不過，其中也包含著這類意識問題，希望讀者能夠理解。

目錄

目　錄

9.——運用「時機」的說服術

10.——活用「場所」的說服術

目　錄

目　錄

1.——說服的方法已經改變

●商業就是說服的時代

世間人形形色色，每個人的想法及感受也各有不同。所以，別人並不見得會和自己有同樣的想法。即使渴望對方這麼做，對方卻不理不睬，這種情形一點也不足為奇。

現代社會的局勢多變，人的價值觀也呈現出多樣化。雖然同處在一個社會裡，但每個人卻都是互不相同的個體，大家逐漸地面臨被迫要去了解對方。

另一方面，每個人都有其獨自的願望，而其實現又必須仰賴他人的協助。同時，既然身處團體組織之中，彼此的工作或行為多少都有關連，如果無法獲得對方的協助，就無法如願地進行工作。

換言之，商業就是說服。

在以往上位者會被前呼後擁的時代裡，上對下並不需要說服。但是，處於陽奉陰違的時代，口頭上唯唯諾諾，內心卻另有算計的人比比皆是。各人的想法都有不同，況且現在又是強調自我主張的時代，如果要讓周遭的人言聽計從。就必須具備說服對方的能力。對方有說NO的自由，如何延攬人心挽回局面，則全憑個人自我表現的能力。

●何謂說服的「本質」

何謂說服？這個語詞看似簡單，其實很難一言以蔽之。字典的解釋是「解說，勸誘使人心服。」

不過，這只是說服本質的一面而已。我們不妨以下列三個層面來闡述其意義。

第一、所謂說服就是讓對方說「YES」的嘗試。如果經過再三地溝通後，對方卻不表示應允，就不是說服。要讓對方說「YES」，必須詳細說明讓對方理解說話的內容。

某些年長的職員或上司，都很不喜歡年輕人凡事要問「為什麼？」

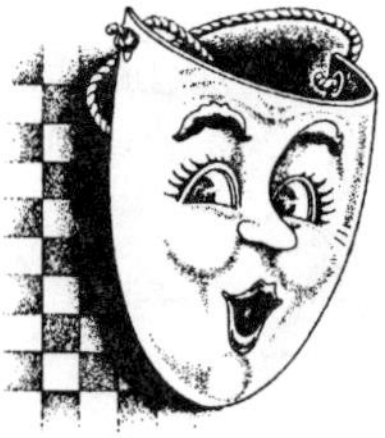

「真囉嗦！你做了之後就知道為什麼了嘛！總而言之只要奉命行事就對了呀！」

然而這樣的態度，只會讓年輕的職員感到畏懼或引發反感，而無法坦率地說出「YES」。但是，同樣是這些年輕的職員，當他們被公司的顧客詢問「為什麼」時，也會因為嫌麻煩而怠惰了應該努力說明的義務。

前幾天，在專門舉辦音樂會、出租會議的某文化會館的窗口，一位年長的男性不停地發著牢騷。

「昨天下午我打電話來時你們明明說第一會議室還沒有租出去，所以今天我特地遠從台中搭了二個鐘頭的車趕了過來。結果現在，你們卻說已經有人租用了。真是豈有此理！」

「所以我說，直接來申請的人優先呀！」

「這就奇怪了！我昨天明明也很慎重地說今天一定會親自來此一趟，你們不也答應說沒問題嗎？今天卻讓我白跑一趟！」

「打電話只能確認會議室的使用狀況而不能預約申請，這是我們的規則。」

「為什麼不可用電話申請呢？」

「因為我們規定是親自來申請者優先。」

這樣的說明並不充分，當然無法讓顧客心服。

這問題的癥結是在：一、說用電話不可以申請預約的理由不夠充分。二、電話中的回答曖昧不明。一般人聽到「沒問題」時，當然就認定是「OK」的意思。因此，首先應該先對造成誤解的表現方式表示抱歉。三、缺乏有條理地說明公司採用親自申請者優先的根據，以及這個方式的優缺點等。

不過，只讓對方說YES也許還不夠充分。如果只是口中說YES而並沒有實際的行動，就不是完整的說服。換言之，所謂說服的第二意義是讓對方採取行動。人並不見得會因為明白了某個道理就馬上採取行動。

當對部屬說服後聽到對方回答：「我明白了」時，就放心地以為事情已經可以如願進行。但是，過了二、三天卻還看不出部屬把事情付諸實踐的跡象。由於開始採取行動才是說服的實現。所以，這樣的說服還不能說是成功。

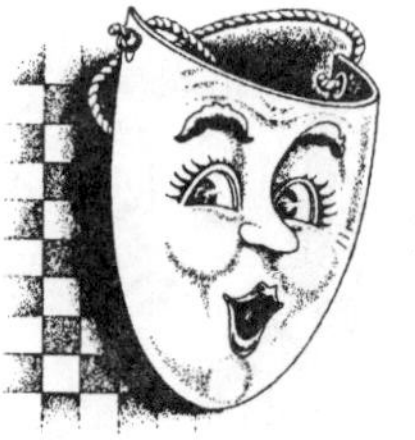

如何彌補ＹＥＳ與實際行動之間的距離，積極地讓對方採取行動也是說服的重要一環。

●誘導自發意識

說服的第三個本質是，讓對方產生自動自發的意願。換言之，所謂的說服，即是讓對方主動地採取行動的一種推動力。

一般人誰也不喜歡被別人呼來喚去。譬如，救災濟難的募捐，如果好幾個募捐人員拿著捐獻箱排成一列，對迎面而來的人頻頻地說：「拜託！拜託！」恐怕這只會驚嚇得路人避之唯恐不及。應該顧慮各人的神情、狀態，親自趨前請求協助才是。

平常的工作態度亦然，如果自己發現「這裡有問題」「這是多餘的部分」「也可考慮其他的方法」時，就能夠坦率地認錯。但是，如果是別人的指摘，反而會覺得有排斥感，甚至不滿地認為：

「既然如此，你自己做吧！」

因為一般人都希望自己的事由自己負責。

對於討厭被人指使的人，說服當然會招來其反駁與抵抗。人都喜歡自由行動，所以，如何製造出令人自動自發的狀況。該以何種方式去說服，就成為極重要的課題了。為何必須讓對方產生自動自發的意識呢？因為主動地進行與被迫不得已的情況下去做，其結果有非常大的出入。

做事的幹勁是源於自動自發的意識。所以，主動地去做某事時，在態度上會充滿積極性，不但成果斐然，人的能力也會因此而提高。「成果＝能力×意願」的公式就是最好的說明。領導者的責任就是在於如何喚起成員的工作意願以達成工作的成果。

為了活用人才，說服應該是以誘導對方產生自動自發意識為目標。

× × ×

【座右銘】口無擇言，身無擇行。言滿天下無口過，行滿天下無怨惡。

《孝經．卿大夫章》

口不能隨便的說話，身不能隨便行事。這樣，說話遍佈天下而沒有過失，行事充滿天下而沒有怨恨。只要說話、行事都遵守道義，就沒有所謂的「擇言」、「擇行」。

2.——自我表現的第一步——「先聲奪人」

●必須注意第一句話

早上下起了一陣大雨。從家裏走到車站要費二十五分鐘，因此，打電話到計程車行。

「我在○○醫院的附近，想到火車站一趟……。」

「沒聽過什麼○○醫院！」

接電話的小姐冷冰冰地一口回絕。簡直氣炸了，不過仍然耐著性子說：

「在○○十字路口前面的……。」

「不知道！」

實在無法再忍耐了。

「是嗎？那麼算了！」

誰還會再叫你這家車行的計程車呢？只好藉著牢騷宣洩一肚子的怒火。

大概因為早上的這場大雨，使得計程車行負責調配車輛的人員手忙腳亂而心浮氣躁吧！但是，他那種愛理不理的說話方式，事實上，已經影響了打電話來叫車的客戶心理了。

某主管也曾經犯過這種過失的經驗。有一次主管拜託事務所的女職員代寫一篇簡短的文章，因寫來的文稿並不滿意，所以，主管叫她重寫了兩次後，當她拿了第三次的文稿過來。

「這樣可以了嗎？」

她大概認為已經改寫了三次應該沒問題了吧！但是，主管發覺主題還不太明確，怎麼重寫了三次還搞不清楚呢？於是又說：

「這還不行！中心主題不明確，再改寫一次……。」

聽到這句話，她的態度立刻起了轉變。

「我已經不會寫了！如果您那麼清楚的話，請你自己寫吧！」

說完之後就逕自回到她的座位上。碰到對方突如其來的反應，主管也慌張地趕快到她的座位旁，誠懇地再要求她重寫一次，但是，人一旦鬧起了彆扭，要他回復到原來是不太容易的。

其實中心主題雖然不明確，但是，第三次文程的前文及結尾已經大有改善。剛開始只要褒獎她這一點就好了。

「嗯！前文寫得不錯，結尾已結得很好。可惜的是中間的部分好像主題還不夠顯明。」

如果主管這麼說，她應該會立刻OK才對。

說話是人每天的必然活動，由於它是日常生活中的必然，反而多半被人疏忽其重要性。但是，從以上的例子我們應該可以更加體會到──一句話對人可能造成的影響。

●「先聲奪人」掌握主導權

獲得心理優勢的第一步，就是搶先打開話匣子。

一家小餐館來了一位卡拉OK伴唱機的推銷員。推銷員恭恭敬敬地向經理推銷卡拉OK。但是，平常笑容滿面的經理，不知何故卻帶著冷峻的表情說：

「我們老闆不在……。」

明明自己是老闆卻想出這麼絕妙的推辭。不過推銷員仍然不肯罷休。

「是嗎？那麼什麼時候回來呢？」

「今天也許不來了！」

回答得有點生硬。於是對方又問：

「明天會來店裏嗎？」

「這我就不知道了！」

推銷員似乎想到為自己製造機會，於是又說：

「我明白了！那麼二、三天後再來拜訪，屆時請多多指教。」

推銷員面帶笑容地這麼說後就離開了。而經理今天的表現和平常的他完全不同，始終退在守勢乏善可陳。可能他自己也覺得表現失常吧！

碰到這樣的場合，該怎麼應對才好呢？

「面帶微笑地說：『歡迎光臨』，搶先向對方打招呼就行了。」

「即使明知道對方是推銷員也如此嗎？」

「當然！當推銷員被顧客搶先說歡迎光臨時，霎那間就處於劣勢。」

「原來如此！」

「然後，緊接著再問對方要來一根煙呢？還是喝啤酒。」

「嗯！」

「即使對方表明身分是前來推銷卡拉OK伴唱機，但因為我們已經有了充分的心理準備。自然能夠輕鬆以對了。相反地，如果一開始就表現出一定要拒絕對方的態度，言行舉止就變得生硬，而且氣氛會變得尷尬。」

以上是餐館經理請教他人的對答，你覺得如何。一位家庭主婦個性非常開朗，不論何時何地面對任何人，都先向別人打招呼。

一般人碰到她那笑容可掬的招呼，毫無例外地都被她那親切的態度所吸引。譬如，報紙推銷員登門造訪時，她總是面帶微笑地抱歉說：

「對不起，真是抱歉！」

然後接著這麼說：

「我的孩子也在送報，現在都看他公司的報紙，所以，沒辦法訂您的報啊！」

言談舉止顯得非常過意不去的樣子。當推銷員聽到她這番話時，一定立刻打退堂鼓。從來不會有人死皮賴臉地央求說：

「請您無論如何幫幫忙嘛！」

另外，當化粧品的推銷員來時，同樣地她會先打招呼。

「真不好意思，今天可能讓您白跑一趟！」

「咦？」

「我的妹妹，在化粧品公司上班，總是要我使用她們公司的產品，如果偶爾試著用其他公司的化粧品，就氣得不得了……真抱歉啊！」

推銷員聽她這麼一說，其中有的人甚至抱歉說：

「原來如此，真對不起。再見了。」

拒絕是說服的相反，就是反說服，也是說服的一種。如果前述的計程車行的車輛調配員、餐廳的經理都像這位太太一樣先發制人地說「對不起」「真抱歉」「真不好意思啊」，那麼，事態的演變一定順遂得多。

某公司的企畫案，曾經造成贊成與反對兩派的對立，使問題的解決陷入膠著狀態。此後，兩派人即使在街頭碰面也互不打招呼。但是，贊成派的一位A先生，碰到反對派的人一定先打招呼。即使對方佯裝不知，或視若無睹地擦肩而去，仍然親切地打招呼。

不久，當兩派人覺得應該再做進一步的交涉時，據說反對派的人一致指名要A先生必須出席協商會。由此可見，先發制人的打招呼，對對方的心理是有正面影響的。

●造成「心理優勢」的肯定表現

有的主管看到遲到的部屬就劈頭大罵說：

「怎麼遲到了？到底在幹什麼？」

本來，遲到的人內心裏正感到懊悔與愧疚。此時若再加上主管突如其來的指責，歉疚的念頭反而會轉化為反感。

母親看到遲歸的孩子，當頭棒喝似地怒罵說：

「你到底在幹什麼？這麼晚才回來。真拿你沒辦法！」

於是孩子鬧起彆扭，悶聲不響地想立刻進房間去。

「肚子餓了吧？吃飯啊！」

孩子會越來越不高興，就丟下一句話說：

「不要！」

把門一甩就躲進自己的房間。

「真拿你沒辦法！」

的確，這孩子的表現也許讓他的媽媽束手無策，但是，做父母的若只知不分青紅皂白怒斥孩子，其手段未免太不夠高明了。看到孩子怯怯地回來時，做母親的第一句話應該說的是：

「肚子餓了吧？來，趕快吃飯！」

然後在孩子吃飯時，再避重就輕地問他：

「好晚喔，到底怎麼了？」

這麼一來，孩子可能就會坦率地說出遲歸的理由。

有的人常會毫不保留地否定對方的說詞，

「這怎麼可以？」「那是不行的！」「這是不對的！」

而被否定的人，多半會因此而產生負面的心理傾向。

說服他人的基礎是，要在言談表現上下功夫，使對方的心理朝向正面變化發展。

3.──讓對方暢所欲言再從話中抓住「說服點」

●「自以為是」是失敗之源

這是一位在頗具規模的不動產公司擔任業務的B先生的失敗體驗。

B先生曾經向某開業醫生建議把土地及建築物做有效的利用，而對方似乎也有此意，眼看這筆生意可望成功……其實這只不過是B先生個人的「自以為是」。這從他打電話到該醫院，醫生太太的回話就得到證明。

B先生以為不動產的事情對方應該也有所瞭解，於是興致勃勃地談了起來。

「有什麼事嗎？」

醫生太太的語調顯得冰冷，而且還不客氣地說：

「如果是這件事應該早就拒絕了呀！」

B先生碰了一鼻子灰，毫無反擊的餘地。認定對方有意談不動產的事

是B先生的過失，其實該醫生因為太太的極力反應正困坐愁城呢！

只要仔細留意，則應該在彼此的言談當中，察覺到對方是否有困惑之處，然而B卻自以為是地認定事情將圓滿解決而造成失敗。

因此，對任何事情都不能先下定論，應該隨時留意去瞭解對方。

和他人進行溝通時，有許多人幾乎不把對方的態度與想法列入考慮，只一味地自說自話。即使思考事情也常在對自己有利的觀點繞轉。因此，在緊要關頭，往往會因為對方出乎意料的反擊而陷入不知所措的地步。

●先讓對方開口

C先生一臉苦笑地說：「女人真難侍候啊！」從他這句話就知道他們夫妻間可能又有什麼摩擦了。其實他們之間所鬧的彆扭是任何家庭都可能發生的事。我們姑且來看看他們到底發生什麼事了。

某個星期天，太太央求C說：「我想改變倉庫的位置，能不能幫我搬一下？」

在C家庭院的角落有一個組合式的小倉庫。太太想把它移到別的地方。

「現在就搬嗎？」

「是的，過來一下。」

沒辦法只好跟她到院子去。太太選定的新位置地基非常不穩定，如果強風一來恐怕會倒塌。因此，C表示反對意見。但是，太太卻一臉不悅而且抱怨了起來。

「我說的每件事你總是立刻反對。」

「說什麼話！我只不過是說說意見而已。」

「算了，不想做的話，我一個人也可以做。」

結果C也火了，於是回她這麼一句：

「是嗎？那麼，妳愛怎麼做就自己做好了。」

如果光憑以上的談話就認定是太太的不是，就有偏頗了。再說C也不是那種平常會幫忙做家事的類型。

有時候明明說「今天會早一點回來」，但一到了晚上，卻遲遲不歸。太太在內心裏已經積壓了太多的不平不滿。在這種狀態下如果表示反對意見時，難怪會被太太抱怨說：「你總是反對我說的事。」

不過，如果把這件事當做是太太要說服丈夫的問題來看時，就是一個失敗的例子。因為太太只陳述自己的意見並且強迫對方接受。

大多數的人在說服別人時，都會把自己的願望擺在前頭，只一味地遊說對方。這就是造成失敗的原因。譬如這個例子，應該要設法讓C先生開口說話。例如：

「我想改變倉庫的位置，你覺得怎麼樣？」

這麼一來，C先生就有機會說話了。

「要移到那裏？」

「過來看一下嘛！」

然後帶先生到院子去。

「想移到這裏。」

「嗯！不過如果有強風吹來可能不太安全喔！」

當妻子明白先生是擔心倉庫被強風吹走時，也許還會建議在倉庫上放塊重石頭試試看。

碰到反對意見立刻感情用事，就無法說服他人。說服和反對是如影隨

行相互存在的。問題是如何儘早掌握住對方會有什麼樣的反對意見，同時想出適當的因應對策。

一般人常錯覺的以為在家裏就可以放任自己為所欲為，其實即使是夫婦，畢竟也是互異的個體。工作上的人際關係更是如此。在說服對方之前應該讓對方表白自己的想法才對。

●掌握說服點的方法

當對方說話時，如果不仔細傾聽就失去意義了。尤其是關係著彼此厲害、損益的工作場合，人多半不會一開始就表白自己的真心本意。然而在不經意的言語中，可能就隱藏著其真正的用心，或透露出和自己的本意正好相反的訊息。

無法掌握住對方的真心本意時，雙方的談話將永遠是平行線，無法得到交集，同時也沒辦法順利地說服對方。因為惟有瞭解一個人的真心本意才能找到足以信服對方的說服點。譬如對方拘泥於某事，有何不安，在什麼條件下可以獲得對方的允許。

若想從對方的談話中掌握住說服點，必須留意以下兩點。

一、要消除對方的不安或警戒心，製造使對方容易開口說話的氣氛。

根據在地政事務所擔任徵收土地的職員的經驗，如果不屢次造訪地主的家，讓對方接納你並且製造出可以閒話家常的氣氛，那麼，要想說服對方是絕不可能的。

所以，平常應該豐富自己的談話內容，並且能留意輕易地和別人閒話家常的氣氛。

如果上級主管召見部屬時，在沉悶的氣氛下說：

「不要客氣儘管直言。」

為人部屬者大概再怎麼也不敢造次吧！這時候主管應該大方地到對方的跟前，開點玩笑使氣氛變得輕鬆。

二、不要只聽話語的表面意思，應該深入地去探索對方內在的心情。亦即傾聽其「真意」。

其實語言並不見得都是說話者的真心表白。像女性口頭上常說的「討厭」一語，有時說話者真正的心意並非字面上的討厭。

因此，希望各位留意以下各點，以掌握住說話者真正的心意。

●洞穿對方真心本意的三個要點

一、聽其語調。即使口頭上說「好啊！」「沒關係啊！」但是，如果語調顯得隨便或聲音高昂時，可能只是口是心非的表現。當語調顯得彆扭或強硬時，就必須考慮其話語是否有弦外之音。

二、觀其表情。當對方的表情顯得很沉靜但口中卻說：「你啊！真令人傷腦筋。」時，就可以明白對方並非強烈地表示NO。甚至當說這句話時臉上卻帶著笑容，反而是否定式的肯定，代表著同意。

不過，有的人天生撲克臉，不喜形於色，這種人常令人捉摸不定。這時候要注意對方的眼睛。因為眼睛是心靈之窗。

「我是無所謂，倒是A先生……」如果對方說話時眼神閃爍不定，可能意味著「其實是我最在意」了。

三、注意不經意說漏出來的話。在談話的途中不經意漏出的話，常意外地表露了說話者的真心本意。而因為對方顯得漫不經心，常令聽者失去

戒心，事後才懊悔不已。

「原來當時那一句話是這個意思啊！如果是這樣，為什麼不明白地告訴我呢？」

有人也許會如此抱怨，不過即使歸咎於對方，也無法抹滅自己聽力遲鈍的事實。所以，在談話時應該留意話題的性質，前後關係以及對方的性格，仔細地傾聽。

有人很會說話而有人則是最忠實的聽眾。會說服的人，其實也常是最佳聽眾。口齒笨拙的人，有時反而比口若懸河的人更能發揮其意想不到的說服力，這無非也是得力於其能夠仔細傾聽對方談話的關係。

不論自我表現再怎麼流暢，若沒有掌握住說服點，則有如無的放矢一樣，是永遠達不到說服效果的。這一點必須充分的認識。

× × ×

【座右銘】好言自口，莠言自口。

好話從你嘴裡說出來，壞話也是從你嘴裡說出來。

《詩．小雅．正月》

4.——外表、態度具有影響力

●人會被外表所限制

一家保全公司假設各種情況，讓保全人員試著做角色練習。

辦公大樓是眾人出入的地方。在出入口做安全檢查是保全人員的工作之一。於是公司假定了一種情況（要求進入辦公大樓的業者，在洽商完畢回家的出口，讓保全人員檢查手提袋內的東西）。同時，特別叮嚀扮演業者的人，當保全人員要求檢查手提袋內的東西時，不要輕易地答應。

這場角色演習的結束，業者終於屈服，讓保全人員檢查手提袋內的東西，但是飾演保全人員的人，卻經歷了一番苦戰。

「怎麼會這樣呢？這種事平常做起來都得心應手啊！」

事後他覺得非常不可思議。

「一定是沒有穿保全人員制服的關係。」

當有人如此發言時，其他的人也異口同聲地表示贊同，因為是參加研習會，大家都穿平常的衣服。

「如果穿著制服而且態度嚴肅，多半的人都會立刻答應接受檢查的。」

「正因為如此，如果不注意對待顧客的態度，甚至會給對方一種壓迫感。」

參加的保全人員，紛紛表示他們自己的感想。從他們的意見裏，讓人深深地體會到外表所具有的影響力。

「人不可貌相」，這句訓誡其實也正是因為人很容易受外表所惑而得到的教訓。所以，我們應該重視外表所具有的影響力，並且擅加利用以做為說服他人的武器。

●不要認為無所謂

有的人一點也不在意外表或態度。

在公司或公家機關等上班場所，偶爾會看到有的職員穿著拖鞋到處走動。當事者也許並不以為意，但是，看在他人的眼裏卻顯得懶散而隨便。

4.——外表、態度具有影響力

並不是說不可穿拖鞋工作，而是穿著拖鞋走路的態度本身有問題。

記得曾經有人說過，一位能幹的業務員不但要手腳靈敏而且要耳目機靈。一位老年人推開某辦事處的大門進去，其肩膀四周被雨淋得濕答答。年輕的職員趕快挨進前來：

「老太太，雨下得這麼大可真難為你了。」

不但主動打招呼，還用毛巾替老太太擦去肩膀上的雨滴。

「真謝謝你，不好意思啊！」

老太太雖然覺得過意不去，但心裏卻露出非常欣慰的樣子。這個情景令人感到無限溫馨。

一看到有外人進來馬上將視線投注過去，並且仔細觀察對方的樣子。然後站起身來迅速地走到對方跟前。接著輕鬆愉快地打聲招呼，並且把手悄悄地放在對方的肩膀上。這位職員的眼睛、手腳顯得非常靈敏，令人覺得舒暢。這和穿著拖鞋走路的職員形成強烈的對比。

表現出朝氣蓬勃般的態度，會使人的整個精神都隨之振奮起來。相反地，若是穿著拖鞋走路，一副懶洋洋的樣子，精神也會變得萎靡不振。不

但給別人不良的印象，也會大大地影響了自己的心態。因此，千萬不要輕易地以為「只不過是穿著拖鞋走罷了」。

一步一步踏實地往前走，是表示自己已有面對工作挑戰的準備。如果對工作一副愼重以對的態度，當然也會增強對對方的說服力。

一名年輕護士在閒聊中說：

「深夜當大家都熟睡之後，在醫院中巡迴令人覺得有點害怕呢。走在走廊上常覺得心驚膽跳。但是，如果穿著白制服抬頭挺胸地巡迴時，反而很不可思議地那種恐懼感就漸漸消失了。」

白色制服帶給她一股勇氣。而抬頭挺胸更振奮了她的精神。她的這番話的確發人省思。

●從態度可看出心意

很久以前，日本東京出發的「閃電號」新幹線電車，延誤了兩個鐘頭左右才到達名古屋車站。當時新幹線電車若延誤兩個鐘頭，乘客就可以索賠特快車費，於是有好幾名乘客趕到服務處索賠。一時之間已經聚集了大

約二十多人。這時候服務處的大門突然打開，走出一名中年助理。他面向乘客，突然脫掉帽子，深深地一鞠躬說：

「今天新幹線電車誤點了，真是對不起！」

他那毛髮稀疏的頭，朝向地面停留了一會後，才抬起臉來繼續說：

「真是對不起！正確誤差的時間是一個鐘頭五十九分。因此，不能賠償特快車費。」

此言一出，乘客之間立即一陣嘩然，起了騷動。

「那有這回事！」

「明明誤點了兩個鐘頭」

「這是故意設計的吧！」

面對乘客此起彼落的牢騷，助理又再次深深地一鞠躬。

「給各位添了諸多的麻煩實在對不起。但是，電車的確是一個鐘頭五十九分的誤點，沒辦法退回特快車費。」

他的態度顯得客氣而誠懇，但卻也充滿著毫不讓步的氣魄。不久，陸陸續續有人心不甘情不願地離開。

在折回剛才前來的通道上，看到悻悻而歸的乘客，對正期待著去索賠的乘客說「聽說不可以退喔！」「去也沒用啊！」「據說是誤點一個鐘頭五十九分呀！」

再次回過頭來看服務處，那位助理仍然手上拿著帽子站在那裏。當眼目交接時，又深深地一鞠躬。

大家都是被他的態度所說服了吧！因為，誠實又充滿氣魄的態度，隱藏著一股影響他人的力量。

態度可以直接表達出一個人的心意，如果只是伶牙俐齒地說辯巧論，而缺乏據理力爭的嚴然態度，只會讓人覺得空口說白話，並無法達到以心傳心的效果。

即使談吐遲鈍，但是在態度上顯得盡心盡力時，仍然會感動人心。而說話誠懇，態度又充滿著氣魄時，則更具有強烈的影響力。相反地，說話時聲大如雷，態度卻畏畏縮縮，彷彿敗犬狗吠一樣，則不可能會有什麼說服力的。

從態度中可以看出人心。換言之，人心是由態度表現出來的。所謂的

說服力可以說是說服技術與人性魅力的結合，因為態度本身就有人性的表露。所以，態度才是自我表現的極致。

× × ×

【座右銘】良言一句三冬暖，惡語傷人六月寒。《名賢集》

說一句好話，在冬天都覺得溫暖；說壞話傷害人，在六月都會覺得寒冷。

5. ——提示具體方法、內容使對方信服

●人有機會就會行動

上了年紀的男性一喝酒幾乎都會批評現代年輕人的行止，而其內容多半是：

・沒有自動自發的精神

・不熱衷

・缺乏幹勁

這幾乎是上了年紀的男性們共同的心聲。但是，只注意外在的現象，很容易錯失隱藏其深處的真面貌。武斷地認為年輕人「不熱衷」「沒有幹勁」時，是否將這個衡量的尺度置之度外呢？

習慣了物資豐富、生活便利的現代年輕人，討厭不便、痛苦的事，同時也不習慣忍耐這種事。他們的思想中並沒有「處境困苦，就再努力一點

5.——提示具體方法、內容使對方信服

吧！」的想法，而總是充塞著「反正困苦多做無益」的觀念，於是表現出來的則是被認為是自暴自棄、缺乏幹勁的態度。其實，他們多半不是沒有幹勁，而是在知道事情將不得圓滿時就失去幹勁了。

下面這個例子，是服務於北海道某公司年長課長的經歷。

他的女兒結婚後仍然和服務於公家機構的女婿住在他家裏。早上上班的時間，女婿晚大約四十分鐘。因此，比較早出門的年長課長必須每天清除家裏門口的積雪。

他曾經將內心的不滿告訴太太，認為女婿年紀輕輕卻束手不管，簡直不懂禮貌，而且認為應該讓他幫忙清除門口的積雪。

但是，課長的太太卻不引以為意地說：

「對現代的年輕人要求做這些事是行不通的。」

年長的課長沒辦法只好繼續忍耐著。

有一次，因為出差而在禮拜天的中午回到家裏，結果發現門口的積雪打掃的一乾二淨。詢問之下才知道是女婿清掃的。於是，在吃午飯時，對女婿誇獎說：

「真了不起啊，打掃得比我更乾淨。」

「是啊，我總比爸爸力氣大嘛！」女婿得意地頻頻點頭。當天傍晚女婿買了一個大鏟子回家。然後有點不好意思地說：

「爸！你那樣地稱讚我，所以……。」

於是他還對課長說了這番話。

「以前每天早上都讓爸爸您一個人做，其實心裏覺得非常過意不去。但是，我們家裏的那個鏟子太小了，根本做不了什麼事。覺得麻煩就提不起幹勁，真對不起。以後我會用這個大鏟子每天幫忙您除雪。」

女婿並非視若無睹，也不是缺乏幹勁。只是因為鏟子太小覺得不方便而已。所以，就佯裝不知而束手旁觀。這是現在年輕人常見的現象。碰到這種情況，責備因為覺得不便而束手不管的年輕人是於事無補。應該主動地製造機會讓對方有意參與。換言之，必須設法讓對方產生幹勁。

有的人只要有幹勁什麼事都會做。這個事實，也可以導出人之不為是因為缺乏幹勁的說法。而事實上，幹勁亦即是個人的處事意願，是拓展人的潛能的原動力。

因此，如何讓對方產生幹勁，以引導年輕人向前邁進這是大人們的責任。如果只是責備年輕人缺乏幹勁而慨嘆，也是無法改變情況的。

●死皮賴臉的拜託是最愚笨的做法

並不是只有年輕人碰到困難時會失去幹勁。只不過是大人們因曾經歷過無數次人生困苦歷練，而變得不輕易打退堂鼓，這一點和年輕人有所不同罷了。

當一般人感到「不會」「太勉強了」「遭了」時，都會表現出躊躇不安的態度。而這種感覺越強烈時就更加舉棋不定。碰到這種情況，只是激勵對方要去嘗試突破，是無法讓他產生再試一次的勇氣。這時候不能只靠口頭上的激勵，應該提示具體的方法，讓對方覺得自己有能力達成才行。

以下是一則希望對方留下來加班的例子。

「今天能不能留下來加班？」

「咦，今天嗎？」

「是的！」

「今天不行啊！」

「真的沒辦法嗎？」

「大概要加班幾個鐘頭呢？」

「不做做看也不知道。」

「這就不行了，一個禮拜前就和朋友約好今天要見面的。」

「無論如何也不可以嗎？」

「是啊！」

「即使我拜託你也不行嗎？」

「你這教我怎麼說呢……。」

「算了！以後再也不會拜託你了！」

以上是公司的一位前輩要求後輩加班的情況。但是，這並非說服，而是以前輩立場做為威嚇，結果說服不成，反而在彼此內心裏留下疙瘩。

如果前輩能以下面這種方式來說服對方，情況可能會大不相同吧。

「下班後有什麼事嗎？」

「哦！剛好和朋友有約，有什麼事嗎？」

「是這樣的，有一份建議案要在明天的會議上提出。」

「啊！是那件事嗎？那些建議真希望能獲得通過。」

「我也是這麼認為，所以經常在課長面前據理力爭，結果課長要我擬出一份報告來。因此，我想能不能麻煩你留下來幫我一點忙？」

「要花多少時間呢？」

「你我兩個人合作，大概一個鐘頭就足夠了。」

「是嗎？如果是一個鐘頭左右，可以拜託朋友稍微挪一下時間。」

「真對不起啊！」

將談話重點放在資淺職員也重視的地方，並且以「一個鐘頭就足夠」的具體內容說服對方。造成對方有條件性的選擇。

●提示實現可能的方法或內容

這種說服方式可以運用在各種場面。譬如，替孩子洗澡時，孩子還沒有充分地泡好澡就急著要出來，這時候母親可以這麼說：

「好，那麼和媽媽一起數到十下再出去吧！」

只要向孩子提出「數到十下再出去」的具體方法，就能使他信服。接著媽媽再慢條斯理數到十。有時數到五又穿差其他的話題，譬如：

「上次買給你的棒球手套還在用嗎？」

這麼一來，即使數到十也有不少時間了。

午休時，幾名年輕職員圍在一起閒聊。一名老練的保險展業員若無其事地挨前去聽他們閒聊。然後在恰當時機對其中一人搭起訕來。

「我從剛才就注意到你的牙齒，簡直像電視廣告上一樣潔白晶瑩。」

潔白的牙齒是他引以為傲的地方，因此，顯得高興地回答：

「大家都這麼說呀！因為我不抽煙！」

「真的嗎？很久以前就不抽煙嗎？」

「你這麼說好像我很老了的樣子。」

「對不起！不過你倒賺了不少錢吧！」

「怎麼說呢？」

「如果一天抽兩包煙的話，你不就可以節省五、六十元了嗎？十天就五、六佰塊，一個月就省下一仟伍佰多元了！」

「真的是這樣嗎？」

「是啊！既然比別人多出一仟伍佰元，如果不有效的應用這些錢就太可惜了。」

「聽你這麼一說是有點道理。」

話題於是從此轉入將每月多出的一仟五、六佰元投入保險的正題上。而比別人多出一仟五佰多元這句話是決定的關鍵，最後他決定加入保險。

提示具體的方法或著眼點，會使事情有實現的可能性，因此，比較容易讓對方接受。讓對方明白具體的方法，比一味地強調要有幹勁更能有效地喚起對方工作的意願。

× × ×

【座右銘】仁莫大於愛人，知莫大於知人。

《淮南子・泰族》

熱愛人是最大的寬厚仁愛，了解人是最大的智慧聰明。

6. ——掌握人心才能領導別人

●加深印象的表現方法

某天一名販賣學校參考書公司的老板，打電話給A先生。電話的內容是問A要不要到他友人的公司的新進職員充當講師。換言之，他在替A介紹工作。A道謝後向他表示「會立刻打電話到那家公司連絡」，然後又加上一句話：

「像你這樣替我做介紹，對我是最有幫助了。」

結果他說：

「我逢人就到處宣傳你的事啊！」

然後開朗地哈哈大笑。聽到他這句話，A實在非常高興。不由地想起他那一臉精明能幹、帶著黑邊眼鏡的臉，笑起來顯得和藹可親的表情。

「逢人就到處宣傳」這句話也許有點誇張。但是，在他的內心裏一定

有意地在宣傳A。這種帶有幾分誇張的表現方式，反而會給聽者造成正面的作用，並提高對說話者的評價。

也許他曾以老闆之尊，向遍佈全國的同業管理者說：

「我經常想到你。」

「我最器重你的店。」

這應該不會是信口開河的應酬話，而是說話者心中有此意才會發出的語詞吧！但是，不管內心裏想著什麼，如果沒有表現出來，對方也不得而知，而且對睽違已久的友人再見面時，用多少帶有誇張的表現方式反而會更加感動對方。

他的賢明之處是，能從生活體驗中察覺到這種人的心理。

要帶動別人必須先掌握住其心。任何人聽到這樣的話都會覺得有一被提起或被褒讚就會大為感動的地方。所以，以人的心理為訴求要點，必定能夠掌握住其心。

作家Y正要進入火車站的票口時，發現迎面而來的一名男子，正是以前同在某個社團的後輩D。由於許久未見，彼此挨近對方握手致意。其實

當天有事必須趕到××一趟，但是，難得一見卻又必須離去，站在那裡不知如何是好。而D不愧是眾人所說的「善於交際的人」。那時他伸出手來搭著Y的肩表示親近地說：

「真是好久不見了。」然後立刻又退後一步說：

「前輩，給一張名片。這次一定到府上拜訪。」

這是他慣有的交際手法，但是，卻也不令人感到討厭。當他雙手接過名片時說：

「我經常恭讀您的書哦！」

說著打開了手提包。「你看，這裏也有一本。」

一邊說著一邊低著頭在手提袋裡找東西的樣子。由於Y趕時間，就利用他找尋東西的機會，告訴D：

「那麼，改天再慢慢聊吧！」

說完後就分手了。

作家搭上火車後，突然想到D的手提包內真的放有我的書嗎？但是，這已經不重要了。因為D為了取悅於作家，打開皮包讓Y看，這不就已經

足夠了嗎？

「我經常恭讀你的書哦」他不但這麼說，還想要拿出書來作為印證的態度，更予人強烈的印象。這也是抓住人心的要點。

●「一個人太無聊」的理由

諾貝爾獎得主的日本湯秀樹博士曾經在其著作『我的生存意義論』中提過——

「當人覺得人生有意義時，似乎是指自我獲得了滿足，達成了自己想做的事。其實並不然。如果說自己的所做所為全是為他人著想，聽起來多麼地豪情萬丈，但無論如何，人在其內心裏一定隱藏著——渴望他人認可的慾望。絲毫沒有這種念頭的人，我覺得大概是說謊吧！」

一般認為學者或從事研究者，對世俗的評價毫不在意，只封閉在自己的象牙塔內，埋首在個人的研究中。但是，這不過是表現在外的一種假象而已，毫不在意別人評價的人大概不存在吧！

在某幼稚園裏，有一名男童努力地想要學會跳箱。但是，幼稚園裏只

有一個跳箱，每次都大排長龍。

有一天早上那名男童提早到幼稚園裏。跳箱附近一個人影也沒有。於是他卯足了勁一個人練習跳箱，但是，不到五分鐘就放棄了。不久，大家都到幼稚園來，和往常一樣在跳箱前面又排了長龍。他也跟著大家排隊，和大家興高采烈地玩了將近一個鐘頭的跳箱。

「一個人的時候可以盡情地學跳箱，為什麼立刻就厭倦了呢？」

當老師這麼問他時，男孩的回答卻是：

「一個人做太無聊了。」

不僅是兒童，這句話也可以印證在每個人的身上，實在頗耐人尋味。全心全意地拚命工作，「只一個人太無聊了」。最好是周圍有別人和自己一起工作，甚至對自己讚美幾句。

上班族下了班常會三兩好友一道去喝幾杯，除非是喝悶酒，否則很少是孤家寡人的。因為「一個人太無聊了」。

如果有別人在一起，自己的存在就會受到肯定，或得到某種評價。如果這是任何人所追求的狀態，那麼，肯定對方並且給予相當的評價，可以

說是掌握人心的要訣了。

●由衷地肯定對方

許先生外表看來溫和，卻具旺盛的企圖心和不服輸的脾氣，幾年來，那彬彬有禮的態度和內在所散發出來的堅強實力，顯得非常調和，讓人欣慰他已經成為一名值得信賴的分公司經理了。

一位同業的朋友問許先生：

「你到這裡已經幾年了？」

「四年，已經非常習慣這裏了。」

「你是那兒出生的呢？」

「我出生於員林，本來除了自己的家鄉之外對其他地方是一無所知。」

「那麼，當初來到這個鄉下地方一定覺得非常困惑吧？」

「不不！我覺得來這裏是對的。像最近也常常到總公司出差，但是，立刻就想回到這裏來了。可能的話我想長久住在這裏。」

許先生面帶微笑毫不遲疑地如此回答。

「不過，不是常說這裡的人不好相處。」

「的確有人說這裡的人愛講道理，頭腦頑固，但我並不這麼認為。我覺得據理力爭、按部就班地處事是非常重要的。」

許先生那堅定不移的談吐態度，朋友似乎也非常愉快。一般人到他鄉幾年後，多半會有自以為內行的評論，但是，許先生那信實不疑的態度反而具有神奇般的說服力。這是由衷地肯定對方或其周遭事物的優點。這一點就產生了毫無矯飾的強烈說服力。

肯定別人，給予對方極高的評價，若只是在口頭上賣弄虛謊的言詞，是無法有力地感動對方的。要想給對方留下強烈的印象，如果不是發自真心地去肯定或評價對方是不夠的。

× × ×

【座右銘】為者常成，往者常至。

《晏子春秋．雜下》

不間斷的做一件事，必然獲得成功；不間斷的向前走，再遠的目的地也能到達。

7.──年輕人無法以大人的尺度來衡量

●不要作片面之觀

每年六月都有一大批學子將要離開學校生活，踏入各行各業，開始其社會人的新生活。這時候也是各公司的新職員研修、教育最盛的時期。有些人喜歡把每年的新進職員命名為「圈圈型」，這些譬喻的確有令人同感之處。

但是，對居觀察者立場的大人而言，不清楚年輕人腦子裡想著些什麼本來就是理所當然的，尤其在生活環境急速變化的現代，不同歲數的人也有極大的出入。

聽主管講話時會打瞌睡的新進職員，一碰到討論會或團體遊戲時，就彷彿變了樣地活潑起來。他們會興緻勃勃地花功夫去編排座位的方式，熱烈地表決誰要當討論會中的主持人、記錄者，以及發言者，而在記錄發言

的紙上甚至還會胡亂塗鴨。

這些年輕人碰到研習會的講師所提出的問題，常擺出一副不願開口的態度，但到了休息時間，三兩同好就喋喋不休的聊個不停。

大人們在看到其打瞌睡或動作散漫時，很容易會因此責備年輕人「缺乏幹勁」「沒有朝氣」。但是，這時候他們卻忽視了在討論會上或團體遊戲中年輕人那神采奕奕的舉動。

●多半是「認真的人」

常聽研修會負責人等批評新進職員「不活潑」、「沒有反應」、「缺乏耐性」，雖然覺得頗有道理，但另一方面也認為如果改變一下看法，也許會發現新進職員們其實也是非常認真的。

進入一個新的環境，面對著儘是主管、前輩時，越是工作認真的人，越不懂得該如何處置，因此會顯得忠厚老實，而且不想亂發表意見而影響大局，態度自然顯得慎重。

其實他們都渴望擔當有意義的工作，能夠發揮自我才藝的工作。而且

希望公司能夠在工作方面測試他的可塑性，而主管、資深前輩們也不要製造沉悶的工作氣氛，要尊重他們也有想要一展身手的心情。

當他們發現自己處於理想中的狀態時，就會認真的熱心工作。年輕人並不受傳統的觀念左右，腦海裡常充滿著新穎的點子，而且也具有豐富的感性。

所以，和年輕人進行溝通時，絕不能以大人的尺度來衡量他們。

時代已經起了極大的轉變，年輕人當然也深受其影響。目前轉職的風氣相當盛行。當他們判斷自己所處的是犧牲的立場時，立刻就辭職不幹，這種作為也是一種時代的風潮。

年長者或許根深蒂固地認為「滾石不生苔」，但不應該責備他們容易跳巢，重要的是必須讓他們察覺到這是視野過度狹隘所造成的錯誤判斷。

因為在大人們的眼中看來，喜歡跳巢也許膚淺的看法所導致的錯誤判斷，但是，年輕人卻相信這是認真追求完全燃燒自己的最佳捷徑。

習慣因物資豐富生活便利的年輕人，的確有其缺乏忍耐力和精神上的飢餓。但是，他們對自己的生活或工作也會認真地思量，甚至煩惱，如果

無視於此就無法充分地說服他們。

只不過他們不喜歡過度關切的態度，誇張的說話方式會讓他們感到掃興。因為他們對任何事都喜歡做得漂亮而愉快。而大人們總喜歡帶著說教的方式對著年輕人說服，這反而會讓年輕人覺得厭煩。

曾經有位作家回憶說，小時候父母對他說過令他印象特別深刻的一句話。

「當小偷進入所覬覦的目標的屋子時，會先看看擺在門口的鞋子。」如果鞋子四處亂放，就判斷這個家的內務一定雜亂無章，東西拿了也沒放回原位，是他們最「中意」的目標。如果門口的鞋子擺放整齊，就想像裡面也是井然有序，就放棄偷竊的行為了。

想到會在門口深思熟慮的小偷還真有趣。如果能夠讓現代的年輕人也有這樣的體會，最好不過了。

●「水平」的溝通方式

據說人常有「以年輕時的現實衡量目前的現實的傾向」。甚至會把「

自己年輕時」的事認定是正確的傾向。

在年輕時代被灌輸「努力」「認真」「忍耐」等觀念的人，如果以這些是正確的標準來看現代的年輕人時，他們的「享樂」「適可而止」「跳巢」的態度就不對的了。因此，往往就會要求年輕人「不要胡鬧，做事要有分寸」「要認真地面對工作」等。

「爸爸在你這麼大的時候，很早就起來把棉被疊得整整齊齊，用冷水洗完臉以後就把家裡打掃得乾乾淨淨。從來不像現在的你那樣，快要上學了還賴在被窩裡不起來。」

但是，這位父親並不像現在的孩子一樣，從學校放學回家後，就必須趕著寫功課，上才藝班。而是將書包往家裡一丟，就到戶外玩得渾然忘我。還經常因惡作劇而被父母責罵。

但是，做父親的這些卻隻字不提，反而以「父親小時候非常優秀，現在的你可差多了。」的姿態對孩子說教。

「爸爸在你這麼大的時候也經常調皮搗蛋。但是，早上可比你要起得早喔！」

如果使用這種說話方式，父子之間就可以進行水平的溝通。

如上司要指責下屬的錯失時，亦可如是說：「人一點也沒進步呢！」

「哦？」

「我像你這種年紀的時候也經常犯同樣的錯誤。」

上司的這番話是和下屬處於同樣的立場。

「又做錯，到底要說幾遍才會呢！」

當然，這句話是不可能得到好結果的。

× × ×

【座右銘】於不疑處有疑，方是進矣。

《經學理窟．義理篇》

在沒有疑問的地方提出疑問，才是進步。

8.——如何掌握女人心

●女性特有的心理與反應

無論是在公司行號或公家機構裡，女職員都較能精確地看穿男性的工作態度及能力。

要領好，懂得混水摸魚的人，在內心裡也會隨時警戒著女性的耳目。這也許是因為女性對工作不像男性那般熱衷，並且因為女性不像男性那般對工作熱衷，在意地位的高低，所以，才能冷靜地判斷事物吧！

「我的老公只不過是會打高爾夫球，而且稍微懂得要領，才當上了課長。有的人還稱羨他說，這麼年輕真了不起，其實他的工作能力並不高，腦筋也不比別人好呀！」

說完之後哈哈大笑。像這樣開朗而率直的太太也不少，而她所指責的卻是事實。

除了冷靜的判斷力外，女性還具有敏銳的直覺。當丈夫三更半夜回家時——

「你有什麼事嗎？」

「咦？沒什麼啊！」

「總覺得有點怪怪的。」

「沒這回事啊！」

丈夫慌張地否認，但是，在他的內心裡可能因為某事而起伏不定。

有的男性巧言令色，喜歡粉飾門面，然而這種類型者最容易被女性拆穿其真貌，惹其厭。不矯揉做作，表現出誠心誠意的男性，對女性比較具有說服力。

在女性同事眾多的部門工作的男職員，會抱怨說：「真想趕快轉到都是男性的部門，女性最難相處又不好惹。」相反地，周遭全都是男同事的男職員，則渴望有女性的工作伙伴，而覺得「我們這個部門，若有一、二名女性該有多好啊！」

男性，雖然渴望女性有如花瓶般在一旁陪襯，然而有時卻似乎也覺得

女性會礙手礙腳。女性之所以讓男性覺得難以相處，有如心頭重擔，是因為男人世界中的虛假外貌，很容易被女性一眼識破，並很難得到女性們的妥協。

「我早就看穿你的心意。」

「我的眼睛看得比你所說的還更清楚。」

「懷疑你是有確實的根據。」

「不願被人當下女式地。」

「碰到不贊成的人立刻給他施加壓力。」

對於女性的這些反應，男性常感到困惑而不知如何是好。所謂女性勢力的抬頭，與其說是女性在社會上要和男性們爭取同樣的待遇，不如說是男性對於許多在工作崗位上展露頭角的女性感到困惑的表示。

●這樣會讓女性失去工作意願

的確女性有其特有的心理及態度，但是，有許多女性在工作上有優越的表現，甚至有越來越多的女性其活躍的程度甚至已凌駕男性之上。

能幹的女性常覺得「不願輸給男性」「不想因為是女性而受到特別的待遇」。當她們看到男性表現出「反正是女性，只要敷衍搪塞就行了。」的態度時，會猛然地產生反感。這也是理所當然的。

在考慮對待女性的方式與溝通的方法時，心理的研究不可不知，但最根本的應該是，要改正以上對下看待女性的態度。

當然，很少有人會在工作場合裡明顯地表現出這種態度。當顧客到公司申訴不滿時，如果前去應對的是女性時——

「女人能擔當什麼呢？叫男職員出來，男職員！」

可能會發生這類怒吼的例子。姑且不論被指責的這名女性，她的感受如何，以相反的立場來說，這種赤裸裸的表現，反而讓人覺得舒暢。若表面顯得一視同仁的態度，卻在不經意的談話中，表示出輕蔑人的態度，這時反倒會造成問題。

有一名女職員不但脾氣好，又具有相當的工作能力。而且個性爽朗，也能和男職員相處融洽，在公司裡深受大家的好評。

公司每個月都要召開各部門課長級的會議，有一次，她被任命為該會

議的主席。

雖然她的職位在課長之下，但因為大家都認識她，而她對工作相當精通，因此，上司認為她大概可以勝任此要務。

會議中由於各位課長每個人都站在自己的立場極力發言，因此，這個會議每個月都呈現焦著狀態，擔任主席的人倍感棘手，會議完畢時常說「再也不當這種主席了」。所以，沒有人願意再擔當第二次主席。由於她接手這麼難纏的會議主席，大家都興致勃勃地猜想著會有什麼樣的結果。

但是，她十足地發揮主持會議的優秀幹才，使會議的進行盛況空前。由於她那爽朗的個性，使會議過程中氣氛變得輕鬆自然，讓每個發言者都能暢所欲言。在毫無冷場的情況下，順利地完成了整個會議的進行。真是了不起。會議完畢後上司誇獎她說：

「啊！讓你擔當主席是對了。表現得太好了。」

她也帶著微笑表示謝謝，但是，上司最後那一句卻造成問題了。

「不過，女人還是比較佔便宜啊！」

這句話表示主持會議成功並不是因為她的實力，只是因為她是女人的

緣故。這一句話已經明顯地表露出上司對女性的態度。

「我氣得真想大罵他一頓，但是，為了風度我還是忍耐下來。」

當然，晚上她就對親近的知己如此地發牢騷。

要在表面上表現出公平，一視同仁的態度是非常簡單的。但是，在日常的業務方面，會發自內心地以這種態度面對女職員倒不容易。

●工作上的接觸方式

最常見的一種現象是，男性總認為女性只配做簡單的工作。即使看到女職員忙碌地做著書類整理方面的工作，也一副視而不見，佯裝不知的態度。其實，碰到這種時候應該主動伸出援手幫她們的忙。把拉雜瑣碎的事務推給女職員，表現出和自己毫不相關的態度，會招來女性們的反感。如果大方地幫她們的忙。那麼，當自己忙得不可開交時，她們一定會主動地伸出援手。

另外，在工作上因為對方是女性就特別給予優待，並非好的現象。碰到女職員犯了過失卻不責備，當她們的工作進展緩慢時，又說「好吧，由

我來處理。」這種態度並不是把她們當作能獨當一面的個人看待，同時，也會讓女職員們覺得「反正我是女人嘛！」而常想著混水漠魚的事。一有過失就該明確地指責出來，並要求她們必須把所擔當的工作徹底完成。在工作上以嚴格的態度面對女性，等於就是把她們看做人一樣地尊重。

●引導對方說出內心事

當要求女性發言，卻得不到對方明確的回答時，有些男性會義正詞嚴地批評說：

「女性應該有自己的見解。」

「女性應該把要說的話，堂而皇之地表現出來。」

但是，對於男性的這種指責，女性們仍然還是會三緘其口。前幾天在餐館裏聽到一名中年男子和二、三名女性談話的內容。

「即使是女性也可以像男人一樣，公開地表示喜歡男人啊！」

「話說得是不錯。」

「既然如此，你們就像男性一樣，大大方方地表示喜歡男人啊！」

「怎麼行呢？內心裏雖然這麼想，我們女性可開不了口噢！這一點也不懂嗎？」

「是啊，你就是這麼遲鈍才不受女人的歡迎呀！」

「真服了你們。」

男人一邊搔著頭表示招架不住的樣子，而我卻認為這段對白中隱藏著一個有趣的問題。

原來女性不發言並不是沒有意見，而是說不出口罷了。所以，當女性處於難以開口的狀態，卻硬要她們堂皇地發表議論是達不到效果的。

與女性相處的先決條件，應該是偶爾和她們開開玩笑，讓她們感到輕鬆，而讓她覺得你是可以對之表白心事的人。

至於女性，在工作場合裏對男性的要求為何呢？根據某研修會做的問卷調查，歸納出下列三點。

「對工作嚴厲的人。」

「能夠輕易地打成一片的人。」

「風趣又愉快的人。」

身為領導者的你，是否應該據此反省一下自己的作為呢？

9.——運用「時機」的說服術

●卡內基的說服術

說服的秘訣到底是什麼？B・卡內基的回答是：

「說服別人的秘訣只有一個。就是設法讓對方主動地採取行動。」

如果把這和「時機」連結起來，即表示必須配合對方的狀態出招。

譬如，星期天的早上，賴在床上的你正思索著：

「啊，也該起床了，把庭院裏的雜草拔一下吧！」

當你正想要起床的時候，卻傳來太太尖銳的聲音。

「死鬼！還要睡到幾點啊！」

聽到這句話，正感到厭煩時，接著又是一聲怒吼，

「趕快起床啦！院子裏的草也應去清除一下吧！」

這麼一來，本來想要起床的念頭就一掃而光。本來想做的事卻因為對

方的態度而改變心意。

相反地，如果太太走到床前來說：

「喂，怎麼啦？」

輕聲地呼喚你。

「什麼事啊？」

「你醒來了嗎？還是想再睡呢？今天外面天氣真好，感覺好舒服噢！」

「是嗎？那麼，我起來順便拔拔庭院裏的雜草。」

很可能你就如此地脫口而出了。

如果能夠察覺到對方所處的狀態，並且在自我表現上多花點心思，一定可以說服對方。

只要把自己的方便或要求擺在第一優位，而不管對方所處狀態，可以說是最不擅於說服的人。而且，只有這種人一碰到事情不順遂時，就會責難對方，甚至發怒地說：「算了，以後不會再拜託你了。」而絲毫不反省自己做法上的失策。

如果注意態度、舉止、神情，多半能夠察覺到對方所處的狀態。人的

心理狀態是瞬息萬變的。情緒起伏時好時壞。有時因為忙碌而顯得匆匆忙忙，有時則是優游而逍遙。

所以，在說服對方時應該養成能事先揣測一下對方目前所處的內在狀態的習慣。然後再選擇適當的說服「時機」。

一般而言，主管對部屬說話時常有疏忽之處。例如，當部屬正賣力地書寫提案草稿，正要完稿的時候，突然聽到上司的呼喚。部屬心想再一下就完成了，所以沒有馬上應聲前去，但是，毫不留情的上司卻又再度地呼喚。在這種情況下，如果又指派一些麻煩的工作給部屬，對方一定不會欣然接受的。

其實，只要霎那的時間就夠了。留一點空檔注視對方的行止。然後判斷是現在說，還是再等一會。這看來似乎簡單，但一到緊要關頭，卻很容易被人忘記。

●根據性格所選擇的恰當「時機」

時機的選擇方法會因對方的性格而改變。人的性格的中心部分是所謂

的氣質。根據人的氣質與體質可以分成三類。

消瘦型：分裂氣質。肥胖型：躁鬱氣質。筋骨型：癲癇氣質。

消瘦型的人難以親近，是不好相處的類型，但是，情緒少有起伏。因為難以相處，常讓人敬而遠之，不過，在選擇時機上卻不需要過度地揣測其心理狀態。相反地，可以向之直接明確地表白選擇目前這個時機的理由、根據、必要性。只不過這種人的脾氣焦躁，如果在說服上耗費多時，或過分婉轉反覆地說明時，恐怕對方會一口地回絕。

筋骨型的人是態度認真而頑固的類型，和消瘦型一樣在情緒上沒有多大的起伏，由於生性對所決定的事情會呆板地遵守，因此，非常重視約定的時間，如果不遵守約定的時間，就失去信用，更遑論說服的效果了。相反地，如果嚴格地遵守時間，說服的時機就不必太操心了。

最必須在意選擇適當時機的是肥胖型的類型。因為，他們的情緒起伏非常大。如果碰到對方情緒非常惡劣時，可能會招致不良的後果。當對方情緒好轉時，簡直判若兩人似地，事情的進展會變得相當圓滿。

因此，平常必須仔細觀察各種人的舉止，掌握其情緒好的時機。個性

屬於躁鬱型又容易賴床的人，他才來上班就對他提出一些複雜的問題時，多半沒有成功的希望。

●機伶地掌握住時機

碰到好「時機」時必須立刻進行說服。如果磨磨蹭蹭裹不足前，良機將是稍縱即逝。有些人甚至在事到臨頭時，反而會覺得難以開口，或興起甘心維持現狀，不必趕著現在說服……等打退堂鼓的想法，一旦表現出懦弱的態度，就失去良機。即使猶豫再三，最後好不容易鼓足勇氣向對方開口了，結果所得到的回應往往是：

「你現在說這些反而令我困擾呀！」

「為什麼昨天不告訴我呢？」

為時晚矣！只落得痛失良機的悔恨。

事前向對方洩漏情報，並且拜託對方：

「在這樣的場合，請您多加幫忙。」

這也是方法之一。所謂「事先佈局」就是最典型的作法。

即使是一份報告，失去時機的報告是一點用處也沒有。反而會給對方帶來麻煩，甚至影響到自己的信譽。

「明天再報告吧！」

有的人即使已經掌握住某些情報，卻輕忽立即對上司報告的重要性，結果上司從別的途徑得知該件事，反而被上司起疑。

「難道他是故意不向我報告嗎？」

部屬可能因此蒙受不白之冤。

不論是下屬對上司，或領導者對部屬，恰當時機的報告是獲得對方信賴的重要因素。信賴感也是帶動他人的重要基礎。

●行不通時就改變時機

有時即使抓住時機，但事情卻毫無進展而進退維谷。此時，死皮賴臉地纏到對方首肯也是一種方法，但是，一再地逼迫對方的做法，有時反而會變成是促成對方頑抗不屈的因素。譬如，喝酒過多時，本來愉快暢談的氣氛卻突然變成互相怒罵的場面。

9.——運用「時機」的說服術

一個管道行不通時就應該改變其他的途徑，有時如果改變時機反而會使情況好轉。

有位從事說服土地買賣的人，曾經到某農家進行交涉用地的取得。但是，對方一味地拒絕，交涉毫無進展。於是他判斷再說服下去也無效，就改變了話題。他轉向旁邊一位觀看交涉過程的老太太——

「老太太，那個梅乾好像很好吃，給我一個好嗎？」

以親切的態度毫不矯揉做作地向老年人搭起腔來。並且用手掌接過老太太用筷子挾過來的梅乾，毫不客氣地說：

「麻煩您給我一點砂糖好嗎？」

這樣反而製造了一種親近感。

「啊，真好吃。謝謝您的招待。那麼，我告辭了。」

說完調頭就走了。三天之後對方打電話來說。希望他再去一次。原來對方希望他對於條件方面再作仔細的說明。

結果在他第三次去訪問時，對方就在契約上蓋了章。這在該業界的遊說事例中，的確是少見的迅速成功例。事情圓滿成功的原因，是在於第一

次拜訪時的告退方式。

即不糾纏不休，當機立斷另覓時機再試。當然，認為必定說服對方的決心和信念是非常重要的，但是，如果不會以退為進，只是一味地勉強壓迫對方，情況反而不利。這是因為過度在意自己的體面，將無法表現出另覓時機改期再議的彈性態度。

有的人在說服下屬時，碰到事情並不如預期的順利就顯得焦躁不安，甚至以威嚇的態度說「這是業務命令」。這樣的作法是最糟糕的。要說服別人，結果事與願違時應該說「總而言之，能不能請你考慮看看。」先退一步下來，然後另找適當的時機再去和對方做溝通。

如果有這樣的從容態度，說服必定成功。

●制敵機先或等候時機

當對方猶疑不決，無法下定決心時，乾脆自己主動提出建議，這可能會促進對方下決心。

「那麼，就依這個方案進行吧！」

9.——運用「時機」的說服術

「好吧，就以這個價錢好了！」

「就決定這個吧，好嗎？」

這些簡短的語句要說得開朗又有精神。如果語氣消沉又結結巴巴，不但無法消除對方內心的癥結，也不能抹去其不安的情緒。因此，「乾脆的態度」「精神飽滿」是重要的關鍵。

譬如，對於是否應該召開討論會正猶豫不決的資淺職員，資深職員很想說服他儘早著手進行。這時候如果跟對方一樣，想在「這也不是，那也不是」的迷惘中討論的話，就沒完沒了。此時，所做的建議必須以YES為前題，譬如說：「以召開討論會的方向來考慮，A案和B案你認為哪一個好呢？」

「我覺得A案比較好。」

然後再針對方A案、B案分別提出二、三種具體的作法。慢慢地資淺職員，他的心情必定會轉向召開討論會的方向了。

雖然說任何事情都可由時間獲得解決，但是，如果只是袖手旁觀，採取船到橋頭自然直的消極態度，是無法解決事情的。事情的狀況會隨著時

間的消逝而變化的，但適時的因應對策也是必須的。

問題談論時，必須仔細留意對方情緒的變化。只是一次的會談，就想要達成某種協議，反而會破壞事態的進展。其實，有很多情況彼此第一次的會晤時，只不過是一種暖身運動，或僅止於簡單的打聽情報而已。

譬如調職的問題，如果突然對當事者說「這次的人事調動要你到○○去」，不但對方會覺得不知所措，更不知道該如何回答。像這樣的問題，主管者應該懂得事緩則圓的道理。找機會先對當事者透露消息。譬如說：

「你在總公司也快六年了吧！」

「是的，我一直擔心今年內或許會被調到什麼地方去。」

「是嗎？但是，偶爾去吸收一下其他地方的空氣也不壞啊！這也是一種學習哦！」

「聽您這麼說，好像我有什麼異動不成？」

「還沒正式發表，不過，○○分公司希望你去助他一臂之力。」

當事者至此或許會陷入沉思（終於來了，不過○○太遠了）。這時候切記不要把事情表現得太必然。相反地，應該給對方有心理緩衝的餘地，

9.——運用「時機」的說服術

例如補充說：

「啊，不過也不是現在就要調職了。」

給對方一點考慮的時間。

對方回到家後也許會和太太商量，也可能去向值得他信賴的知己、前輩們徵詢意見。如此在一個禮拜之內，他的心情也會開始起伏不定了。但也不能讓他過度地胡思亂想，所以，這時候應該再催促他。

「怎麼樣，關於上次的事你考慮得怎麼樣？」

如果對方答應當然不成問題。但是，如果他的回答是要再考慮看看，或NO時，最好不要性急地堅持。

不能答應的主要原因是，他的腦海裏充滿著調職的負面形象。因此，不要一味地強迫他，要耐心傾聽對方的說詞。並且對於其說詞，要以「果然不錯」「我很清楚你的擔憂」「或許也有這方面的困難」等肯定的態度去接受。

這種情況的說服最忌諱焦躁。「使對方聽自己說話的最好方式是，讓對方講話。」千萬不要焦急，必須先讓他把想法表達出來。這麼一來，當

自己提到調職的正面好處時，他也能平心靜氣地洗耳恭聽。

「你說的我也知道，不過，我認為對一個人的成長最重要的是經驗。像新的工作挑戰，經歷新的經驗等，可以拓展人的能力。如果一直做同樣的工作，在不知不覺中就會陷入因循苟且的胡同裏。如果你現在拒絕，總有一天仍然會有異動，依我看現在倒是最好的時機。」

當看對方有點頭表示贊同的意思時，再進一步強調說：

「最近常有人說即使調職到偏遠地方，也不見得不會出人頭地。雖然我並不敢斷言調職和出人頭地有直接的關係，但是，許多人事實上都是因為調職而顯著地成長。工作環境一變化，心情自然也會改變。難道你不想向新的工作挑戰，以試煉自己的能力嗎？」

當對方深深地點頭表示同意時，就再加上一句期勉的話。

「〇〇分公司非常希望你過去幫忙。其實以我的立場而言，也是極不願意讓你這麼優秀的職員離開，但是，為了你的將來也只好忍痛割愛。」

一般人對調職都有排斥感，如果能夠用心地、慢慢地開導對方，要讓對方首肯大概沒問題。

●被說NO也不要立刻放棄

試著說服卻被對方表示NO時，若因此知難而退，未免就太妄自菲薄了。因為NO中也是有各種意義的。

第一種情況是，其實心裏是YES，口中卻說NO。

譬如，男職員邀女職員下班後去看電影。有的人也許會大方的回答「好啊，你願意帶我去嗎？」有的女性會彆彆扭扭地說「我有點事……」。當然，口中的NO是否為其真意，只要從態度、表情、平常的性格就可以一目了然。如果是口是心非的話，此時男方，只要再加把勁說：

「一起去吧，這部片子聽說很好看哦！」

這時對方的NO就會改變成YES。

第二種情況是，以NO來試探說話者的反應。

有的人不喜歡立刻表示OK讓人看穿其真面目。也有人喜歡試著拒絕一、二次，藉此觀察對方的反應。在這種情況下，對方口中雖說NO，但卻絕對不會表現出拒人於千里之外的態度。所以，只要花點時間去試著說服二、三次，並且具體地提示自己的條件，結果就可能反敗為勝。

第三種情況是，為了試驗說服者的認真程度的NO。

上司經常使用這種NO來試探部屬的態度是否堅決。如果部屬因一被說NO就馬上打退堂鼓時，就可判斷其提議並非有多大的建設性。如果部屬仍然不死心，再三地提出企劃案，上司或許仍會在某些部分挑毛病，而依然表示NO。但是，此時上司所說NO，已經傾向於YES了。

換言之，就是必須再加把勁，再多花點時間和心思在自己的做法和態度上，然後試著再接再勵地遊說對方。

曾經有一名男子向某女子求婚被回絕後，就死心不再去追求。但是，幾年之後卻聽到那名女性對她的密友表白說：「那時，我想他若再一次向我求婚，我就會答應他，不料卻搞成這樣的結果。」據說該男子為此後悔不已。這是過於簡單解釋NO所造成的大失敗。

●活用「段落性」的巧妙說服術

凡事皆有所謂的「段落」。

「先告一段落之後再開始吧！」

「告一段落就結束吧！」

經常可聽到這樣的表現法。段落是事物的始末或一個單位，在日常生活裏經常被使用。而段落的觀念也可運用在說服術上。例如：

「下個禮拜會很忙，這個禮拜內好嗎？」

「我覺得上午把它做完比較好，總是可以告一個段落。」

像這樣以段落作為訴求的重點。

「那麼，就拜託你了。」

「好吧！試試看。」

同事可能會欣然地表示ＯＫ。

又，例如母親對吵著要看電視的孩子說，

「先把功課作完一個段落再看電視。」

當孩子聽到這種條件交換的話時，多半不會再吵鬧了。

所謂段落，就是說服的一種「時間層面的條件提示」。藉著具體的段落，可讓對方信服或產生工作的意願。

10.——活用「場所」的說服術

●善於說服者的作法

善於說服的人，對於外在條件，即「場所」的條件都會有效的運用。因為「場所」會給對方的心理帶來極大的影響，是說服能否成功的重要因素。

選擇「場所」的首要問題是，該場所是屬於己方或對方。

如果是上司要說服下屬時，主動地到對方的場所去接近對方，或許比較能達到效果。因為接近對方，等於是彼此心理上的接近，從中會產生親近感。以新進職員而言，公司裏的前輩、管理階層者都是會讓他產生心理距離的人，是不容易打成一片的對象。因此，上司將其叫到跟前時，氣勢往往會變得沉悶。如果只是下達命令或指示倒還無所謂。但是，說服是喚起對方主動意願的一種嘗試。最好是在輕鬆愉快的氣氛中，製造可以接受託付工作的心情。

一位新進女職員工作能力不錯，卻容易慌張，一碰到較繁的工作就失去平常的鎮定，變得慌亂，接著就因為慌亂而錯誤層出無窮。而且一旦犯了過失又更加慌張，於是陷入惡性循環之中。平常工作認真，處事精細，幾乎無懈可擊，但是，唯一的缺點就是一碰到較繁的工作就亂了陣腳。

有一次，在她的辦公桌上又堆積大量的文件。雖然她心裡也叫自己要保持鎮定，卻一如往常地開始顯現出慌亂。這時候課長走到跟前來。

「游小姐。」

課長輕快地對她打聲招呼後，接著又說：

「用不著慌張呀！妳平常的表現非常好，只要依平常那樣，在自己的能力範圍內不慌不忙地做就足夠了。」

課長帶著沉穩的口吻激勵女職員。然後又說：「拜託妳了。」

課長的頭銜是遠高於一般職員之上，也是難得和職員交談的上司。這樣的人卻主動來到跟前和自己說話。而且對於自己平時的工作態度觀察入微，能夠正確地指出自己的優點及缺點。游小姐感到高興之外，還深深地覺得自己也是這個部門中不可或缺的一員。

據說從此之後即使工作量劇增，游小姐也能夠沉著應付。

●在對方的「場所」裏說服時的注意事項

前項例子中上司的這種若無其事般的挨近下屬的身邊進行游說方式，很有效地抓住部屬的心。但是，要確保奏效是有條件的。

一、平常必須仔細掌握住每位部屬的工作態度、性格、思考模式等。必須讓職員們深刻地體會到上司非常清楚自己的事情。如果只是裝模作樣地運用懷柔政策，反而會造成負面的影響。

二、千萬不可擺架子，表現出威壓的態度。如果態度不自然，會引起對方的警戒心而造成僵硬的氣氛。最好是表現出主動與對方親近的態度。

如果一步步地往前逼近地說：

「怎麼樣？有什麼有趣的事情嗎？」

這種有如偵探的態度，只會讓部屬避重就輕地回答。

並不是只有要說服的時候才去接近對方的「場所」，應該平時就常去走動走動，以建立良好的人際關係。如果是公司裏的中堅職員，精通業務

並在公司裏也小有名氣。但是，如果因此而自大、自滿的話，必不能再有大的突破與發展。而且自我表現的內涵也變得狹隘。如果能夠熱衷地與人親近，主動與對方談話，並且不吝藏己知，表現出願意積極提供資訊的態度，在緊要關頭一定可以獲得眾多人的協助。

而在對方的「場所」中進行說服時，還必須注意誠意的表達。當問題陷入焦著狀態時，解決的關鍵就在於誠意的表達。因此，如何表現自己的誠意，也是說服的一個重要課題。

當預想到問題的嚴重性，就應趕緊親訪對方的場所表達誠意。這種方法，今後更會顯現其必要性。尤其是當碰到發生糾紛的時候，適時親訪對方的場所，一定有助於以後形勢的發展。

進行重要的交涉時，負責人冒雨前來就是一種誠意的表示，會獲得極高的評價。但是，如果是強迫式的誠意，反而會令人敬而遠之。因為沒有比硬塞給別人的誠意更令人不快了。

譬如，毫不顧慮對方的立場，反覆地在大清早或深夜拜訪，會令人感到糾纏不休的厭煩，而產生反效果。

親訪對方的「場所」時，必須注意以下各點。

一、入境隨俗，必須配合對方的氣氛、樣態。例如，到工地時，如果西裝筆挺的打扮，反而惹人厭。此時應該穿著便服，表現出大方隨和的態度。據說有些業者甚至會故意穿著長筒靴前往。因為選擇與對方類似的打扮，反而會帶來親近感。

二、不要表現出要說服對方的高壓態度。在工作認真的職員當中，有些人在無意中，也會給人威壓感，而令對方產生反感。所以，要隨時找個機會向親近的朋友問一下自己在他人眼中是什麼樣的印象。

有些人會認為這種事用不著太在意，這是非常錯誤的想法。因為，即使自己不在意別人，卻會掛在心上。

這裏所說的，並不是為了迎合他人而察言觀色。有的人認為這種態度是缺乏個性的表現，令人瞧不起，但是，因自己的態度而造成對方的不快甚至產生反感，是無法以「因為不在意」的說詞可圓場的。這樣的態度對於社會人而言是過於任性的表現。我們千萬不能忘記的是，因為有對方的存在才有自我的表現。

●在自己的「場所」進行說服時的注意事項

自己的「場所」是屬於自己的勢力範圍，因此，對說話者本身是相當有利的心理條件，但是，另一方面卻也容易造成疏忽。

第一，當要求對方到自己的場所來時，必須要避免讓對方產生被使喚的感覺。即使對方是自己的同事或晚輩，也應該先客氣地說：

「對不起啊！要您在百忙之中勞駕前來。」

如果以命令式的口吻叫對方前來，又責備對方：

「幹什麼，這麼慢吞吞，怎麼回事啊！」如此一定無法讓對方敞開心扉來談論事情。

第二，以對方的立場而言，這等於是走進說服者的勢力範圍，所以難免有些緊張。尤其目前的建築技術進步，氣派雄偉的辦公大樓比比皆是。也許每天在這些大樓裏工作的人並不以為意，但是，前來洽商的人多少帶有緊張感。

因此，如果注意到有人來到自己的「場所」，應該主動地打招呼，並且表示歡迎，儘量製造令對方感到舒適的氣氛。

最近在企業裏非常流行對職員實施所謂的「魔鬼特訓」，其主要的目標無非是——

「讓上門前來的客人感到舒適愉快。」

常有人抱怨公營機構的職員常擺出撲克臉，對顧客不假詞色，這種態度常令人感受不到應得的服務，還莫名奇妙地憑白受罪，而「魔鬼特訓」就是為了改正這些人為的缺失，以製造社會祥和風氣的一種行動。

第三，留意自己周遭事物。譬如辦公桌上的書類，資料中若有不便讓外人過目的東西，應該事先整理妥當。如果一時疏忽恐怕因此而洩露公司的重要機密。

總而言之，即使在自己的勢力範圍內也不可掉以輕心。

●在意他人耳目的心理

眼看著捷運就要開動，許多人蜂擁而上地擠進車內。這時候，有的人可能三步併作兩步地快跑而來卻吃了閉門羹。這一瞬之差，對當事者而言簡直懊悔不已，但是，搭上車的人卻多半一副漠不關心的表情。

「誰要搭這班車」，搭不上車的人可能因此而憤憤不平地自我安慰。

捷運中也可以看到類似的情形。當抓著吊環四處張望著找尋空位時，發現在車門邊有一個空位。於是以它為目標往前挨進，不料卻從旁邊竄出一個人搶先坐下了。

大多數的人碰到這種情況，都會改變方向走到其他的位置。既然空位已經被人先坐下了，就算直接走到那個人跟前站著也無妨呀！但是，大家卻不這麼做。甚至當視線和搶下座位的人交接時，也不會有人帶著笑容搭訕說「你的手腳真快呀」！

或者能夠心無疙瘩地開著玩笑說：「你是否精通球類運動？」時，氣氛就融洽多了，但這似乎是癡人說夢話吧！一般人似乎都想向對方表示「我才不是要到你那裡呀！」而趕緊轉移到其他的場所。為什麼呢？因為大家都在意別人的眼光。碰到這種情況，多半的人都會覺得周遭的人似乎把視線全部集中在他的身上，

「喂，快看那個人，沒有搶到位子了，手腳太慢了啊！」

「像那種貨色在公司大概也沒什麼搞頭吧！」

因此，為了讓別人知道「其實自己並不是要到那裡坐」，所以，才往其他的場所移動。

人都會非常在意別人的眼光。總是擔心別人如何地看待他。其實，車廂裡的人，大概不會對一個碰巧坐不到位置的人特別留意吧。但是，即使事實上根本沒有人看在眼裡，一旦會去在意別人的眼光時就會陷入自我意識過剩的狀態。

有許多人在眾人面前演講時會緊張。這也是因為意識到自己正受到眾人的矚目。當意識到自己在別人眼中的形象的瞬間，任何人都會渴望「被看好」，而另一方面也強烈的希望「不要被看低」「不要出醜」。

●在大眾場合裏的注意事項

自我表現必須在說話者與聽者所共有的「現在」「這裡」的特定時間與場所中才能成立。當「這裡」的場所是複數時，其情況又可分為兩種。

其一是，一名說話者面對多數聽者的情況，最具代表的是演說。因為同時面對多數人發表自己的意見，因此，談吐必須明確而有條理。

其二是，說話者與聽者一對一接觸，而周遭有其他人旁觀時。換句話說，是在眾目睽睽之下進行意見溝通。這時，聽者都半會在意周遭人的眼光，因此，說話者必須充分考慮到對方的心理狀態，否則無法達到溝通的效果。

如果在眾目睽睽之下被人強迫式地說服，被說服者可能因為他人的眼光而猛然地反擊。因為在他的內心裡唯恐別人以為「他怎麼懦弱得一點也沒有反駁的能力呢？」因此，這時候的說服者最高明的做法是採低姿勢去迎合對方。例如說：

「無論如何希望你助我一臂之力。」

「如果你ＯＫ的話，也等於幫了大家的忙。」

必須想辦法讓對方感覺，答應說服會獲得他人的好評。

說服的種類形形色色，忠告也是其中之一。而忠告是以否定對方的現狀並要求其改進為目的，如果表現不當反而會招來強烈的反抗。因此，如果能夠讓對方接受你的忠告，彼此之間自然就會產生親密的關係。至於忠告的方式也有許多，在此只扼要地敘述其與「場所」的關係。

在眾人面前斥責對方並不好，尤其是失去理智的勃然大怒更需戒慎。如果在大庭廣眾之下被人劈頭大罵，相信任何人都會感到不快吧！因為這會使人的自尊心受到極大的傷害。

但是，並不是意味在眾人之前絕對不可斥責他人。忠告者如果能夠仔細衡量大庭廣眾下的場所條件，而故意在他人面前做忠告，有時反而更具效果。

「我沒聽說過」——「怎麼會？我明明說過了呀！」

「不知道」——「我確實有說過。」

雙方你來我往變成死抬損，最後只落得弱肉強食的結果。該怎麼辦？一、可能是一方確實說過，而另一方的確也是因為其他事情的干擾，真的沒聽進去的情況。因此，即使對方就在你面前，也不要以為自己所說的話對方一定聽到了。

在談論要事之前必須先提醒對方注意，並且努力地想辦法讓對方對自己的談話洗耳恭聽。例如，先說「想跟你近一步說話好嗎？」「我有要緊的事要告訴你……。」

二、其實對方已經聽過此事，卻因為某種原因而佯裝不知。這也是某些狡猾的上司為了逃避責任所慣用的伎倆。

碰到這種類型的人，最好選擇在大庭廣眾之下，藉由他人的公正去傳達內容。

譬如，走到上司的跟前大聲地說，

「課長，現在可以討論一下有關○○事情了是嗎？」

然後又對在旁的人說：

「小陳啊！還有小李，可能都和這件工作有關連，也請一起過來討論一下吧！」

即使沒有必然的關連，只要多少有點相干，就張三李四都找來助陣。那麼，即使日後課長佯裝不知，也可以找來小陳、小李做見證，對方就無從遁逃了。

●在一對一的「場所」中的注意點事項

由於一對一的場所裡，只有說話者與聽者在場，既不用擔心他人的耳

目，也不會受到外在條件的影響，對被說服者而言，在一對一的情況反而容易接。而說服者在一對一的場合裡也比較安全。

事關緊要的說服都會選擇一對一的場所。也許是這個關係吧？所以，碰到要說服溝通時，當事者常會機械性地選擇兩人獨處的場所。但是，這並不意味著只要一對一就能達到說服的目的。

要說服女職員時，以為一對一的場所最適當，就邀該女職員到密室裏說服，結果慘遭滑鐵盧。因為，在狹窄的房間裡和男性單獨相處時，女性會立刻產生警戒心而封閉心扉。

如果不得已必須選擇一對一的場所，也應該在寬敞明亮的房間，儘可量選擇也能看清外界的場所。

如果接待到公司申訴的顧客時，招待對方到寬敞的房間，並奉上茶飲平撫對方的情緒，可能將事情圓滿地解決。所以，利用場所的條件，以加強說服效果是非常重要的。

11.——因聽者的條件而決定談話的效果

●先入為主的觀念最可怕

一名年輕人說：

「笑臉迎人也不見得好呀！」

問其原因時，據說他就曾因以笑容面對顧客，結果卻招來一頓毆打。

這是發生在他服勤於鐵路剪票口的時候。他以為待客之道的根本是從笑臉迎人開始，於是儘量保持笑容，對每個進出剪票口的客人都笑容滿面。

有一天，在附近有一名中年男子抬頭看著時刻表。當那個男人把視線從上方的時刻表移開時，碰巧和他四目交接。於是他回報以開朗的笑容。

但是，這名中年男子卻快步走向前來，突然地怒吼「混蛋！」而毆打了他。

「毫無理由嗎？」

「是的！只說：『看什麼，狗眼看人低！』之類的話。」

聽到他的抱怨，令人聯想到一名婦人在報上的投書抗議。

該婦人的投書中提到，每次搭火車入剪票口時，總碰到一些態度蠻橫的剪票員，彷彿出入剪票口必須獲得他們的允許似的。令她感嘆花錢受罪的悲哀。

先入為主的觀念非常可怕，也許當時剪票口職員的態度的確讓人感到不快。但是，有時候可能也是顧客本身的感受方式所造成的偏差。如果在內心裏抱有「火車站服務人員態度惡劣」「服務不週」等觀念時，在其眼中的剪票口職員，可能就有過份被醜化的傾向。

至於看完時刻表後毆打剪票口職員的那位中年男子，在內心裏一定也是認定鐵路服務人員的態度都不好的主觀意識。

而這位職員也可能是雖然臉上帶著笑容卻顯出懶散、隨便的態度，以致在中年男子的眼中變成「一臉訕笑瞧不起人」而且一定認為他是不懷好意。所以才勃然大怒地大罵「混蛋」吧！

笑臉迎人的確是待客之道之一。但是，在考慮到一般乘客對當時鐵路職員所抱持的感覺時，如果在行動上缺乏「精神抖擻的應對態度」，恐怕

就會招來意想不到的誤解。

另外，一般人對政府機關人員也有某種先入為主的觀念。因此，很容易帶有「上欺下」「不親切」「因循苟且」的觀念。

也許當事者並無此意，但是，對方卻帶有這種感覺時，在偶然的機會裏可能就會碰到顧客意想不到的反應。

●為何會產生「出乎意料的反應」

任何人可能都碰過言者無心，聽者有意的經驗。

「我只不過是開玩笑而已，他卻生氣了。」

「不經意的一句話，沒想到對方卻耿耿於懷。」

「我以為對方會輕易地表示ＯＫ，誰知搞了老半天卻無法達成協議。」

這大概是商場中常經驗到的例子吧！

有時有事想麻煩他人，又怕干擾對方工作的進行，於是趁著他空閒的時候說：

「現在有空嗎?想麻煩您……。」

話到嘴邊，看到對方一臉不悅的樣子。

「我那裡有空！」

「不過，我看你好像沒事的樣子。」

「只不過休息一下而已，接下來就忙了！」

說著就撇過臉去。本來想趁對方空閒時拜託，不料卻事與願違。因為對自己的招呼，對方會有其本身的接受方式及解釋。

不要擅自以為對方一定會順從說服，自己以為必然的事，對方或許會有其相反的反應。例如，你希望對方「趕快去做」，但對方也許認為「不必急著現在就做」。

聽到一句話後，要做如何的解釋及下決定，完全是聽者的問題。換句話說，是聽者才有決定權。

拜託對方幫忙之後，不經意帶著開玩笑的口吻說：「真傻啊！」時，本來熱心地聽自己談話的對方，可能會馬上翻臉。這是因為「真傻啊」這句話讓對方覺得受到侮辱而改變其決心。

「對方有決定權」——這一點就是造成說服困難，溝通上無法達成協

議的原因。

●成功的說服必須要顧慮對方的條件

所謂「達到效果」是指「完成目的的狀態」。當對方會依自己所希望的方向行動時，就達到了說服的效果。相反地，對方決定不言聽計從時，就失去說服的效果。

「希望你現在立刻著手去做。」

這句話是希望引導對方，接受並做下要伸出援手的決定。

「原來這事已不可再拖了，好吧！我幫你一把好了！」

這就是說服。理所當然地，在說服對方之前，必須先考慮對方可能產生的反應。

譬如前例中，拜託的時機必須考慮對方空閒的時候。但是，委託者卻沒有想到「有空吧！」這句話聽在對方心裏有何感受。

公司就是工作的地方。當別人問你「有空嗎？」時，大概沒有人會回答說：「一點也不錯，我正閒得發慌。」

大多數的人多半會覺得「問我有空是什麼意思」而感到不快。如果能夠考慮到對方的感受，請求的方式就大不相同了。甚至，在對方正空閒時也得要客氣地說：

「對不起，在您正忙的時候來打擾你。」

這句話是讓雙手空閒者免於受辱的一種顧慮。相對地，對方也會客氣地回答說：

「那裏，現在並不怎麼忙。」

或許因此而欣然地接受請求。而一般常見的例子是，當丈夫工作疲憊地回到家裏，太太就迫不及待地要丈夫做這個做那個。這種看似撒嬌的態度，其實是非常任性的行為。

以丈夫的立場而言，光是聽太太嘮叨不休的就招架不住了。內心裏很想叫她閉嘴，保持安靜，但是，連開口也嫌麻煩，只好裝做洗耳恭聽的樣子。

當對方顯得精疲力盡時，卻一味地對他喋喋不休，是無法達成說服的效果。這時應該為對方的立場著想，再考慮採取何種態度，才能達成目的

——這麼理所當然的事卻有許多人辦不到。

如果以下列的態度面對對方，也許就有不同的結果。

「本來想叫你幫忙一下，看你這麼累還是等會再說吧！要不要先沖個澡，喝杯啤酒呢？」

「是什麼事呢？」

「不要緊的，等一會兒再說吧！」

「到底是什麼事呢？」

這時丈夫已經覺得有興趣了。

× × ×

【座右銘】多言而不當，不如其寡也。

《管子・戒第》

喜愛說話而又說得不恰當，不如乾脆少說話為好。

話不在於多少，其關鍵在於是否適當、中肯。

12.——「囉嗦」「冗長」的話是失敗之源

●聽者是很容易厭煩的

在演講會場裏經常可見的一種現象是，前面幾排的位置都是空的。聽眾往往喜歡佔據後排的位置，而對前面的位置敬而遠之。同時，聽眾也會經常打瞌睡。

其實專心聽演講的只佔少數，大多數的人都是被動而消極的態度。因此，演講者必須積極地引導對方仔細地聽演講。

日常會話也是一樣。有的人只是擺樣子聽話而已，碰到冗長的話題立刻就厭煩了。甚至還會暗地裏批評說：

「到底還要說多久？」

「真囉嗦，這我早就知道了。」

「他的話怎麼像裹腳布一樣又臭又長。」

12.——「囉嗦」「冗長」的話是失敗之源

在談話時尤其要注意聽者所具有的這種傾向。因為說話者所想要表達的某種主張或願望非常強烈，就很容易在同樣的事上反反覆覆地述說，或喋喋不休地說個不停。

在裝滿水的容器裏，再添加水時一定四處溢流。令人頭痛的是，聽眾這個容器是很容易就飽滿的。

所以，在演講會場裏，演說者必須盡力地在其演說方式和內容上下功夫以吸引聽眾，否則聽眾一厭煩場面就顯得冷清而無聊。

聽眾之所以容易厭煩有三個理由。

一、「聽」是極大的勞動，很容易帶來疲勞。

或許有人會認為只是聽而已，應該不至於感到太大的疲勞吧！但是，「聽」並不是休息。要認真地聽人說話，除了耳朵之外，眼睛、頭腦都必須活潑地運作才行。有一句揶揄人的問話說：

「疲倦的時候還能聽別人說話嗎？」

就是最好的證明了。

正如前面提過的，丈夫一身疲憊地回到家裏，太太卻迫不及待地對他

喋喋不休，這時候丈夫對妻子所說的話，多半只是右耳進左耳出吧！

這是因為說話者毫不考慮聽者的疲勞狀態，而造成聽者在聽覺上的極大負擔，無意中就覺得心煩氣躁了。

二、聽的速度比講的速度還快。

據說說話的平均速度是一分鐘三百字。但是，聽過之後再思考的速度更快過其數倍，因此，就有多餘的時間不知如何是好。如果說話者都能擇要敘述，倒還不至於造成聽者的負擔，但許多的談話常令人聞十只知一，而鮮少有人可以忍耐地聽下去。

三、人本來就是喜歡說話的動物。

這一點也可以說是話題冗長而囉嗦時，必會造成失敗的重大原因。

即使外表顯得沉默寡言的人，只要是人都會有想要表現自己、渴望別人了解自己的慾求。而能言善道的人，只不過會把這種內在慾求瀟灑地表現在外，而木訥者卻不會表現而已。

喜歡把自己的情緒、力量、想法、所從事的事等等講給他人聽，讓別人瞭解，甚至給予好評，是人所共通的慾求。如果只有說話者一個人滔滔

不絕地大發議論，聽者的這種慾求就受到壓抑，這時就會產生反駁、自暴自棄、放棄等態度，早就心不在焉了。

●簡潔的自我表現

那麼，該如何處置才算得宜呢？

一、必須充分地考慮對方在肉體上和精神上的疲勞度。

當一個人疲倦時連話也聽不下去，這種厭倦的情緒是造成丈夫工作回家後，把太太的喋喋不休當做馬耳東風的結果。同時，這種因疲勞所產生的情緒低潮期會持續一段時間。即使丈夫要求「有話請等一下再說」，但如果太太果真隔一會又提出同樣的話題，此時丈夫會覺得厭煩，內心大為不快。

二、抓住要點簡短地表現。

如果把一件事加油添醋的表現，也會使聽者陷入厭倦的狀態。現在的人，個個都因工作忙碌而顯得沒有悠閒的心思去聆聽別人的傾訴，因此，到底想要表達什麼，其重點為何，原因出在那裏，有何因應對策等，應該簡短地說明清楚。

為此，必須正確地掌握住所說服的內容，或事情的核心。

有一位職員做事要領非常好，但是，態度卻顯得懶散。課長於是利用下面的方式說服他。

「聽說你很喜歡下象棋。」

「是的。」

「象棋名手曾說過：『下象棋時，能夠正襟危坐的孩子能力會變強。這是因為對象棋的感覺不同的緣故。』在工作上也是同樣的道理。」

課長的這個說服法真是一針見血。從此之後，這個人的態度就大為轉變了。

巧妙地掌握住部屬喜歡象棋的心理，而假藉象棋名將的名言，直接了當地讓對方瞭解態度的重要。

面對所要說服的人，單刀直入的表現方式總是叫人難以啟口。因此，為了儘量地婉轉表達，有時話語的表現也會因此而顯得囉嗦。但像這個例子一樣，引用名人之言卻不留痕跡地說服對方也是一種方法吧！

三、學習一分鐘演講術。

據說『一分鐘經理』這本書在美國銷售量高達一百二十萬冊。「讚美」、「斥責」、「設定目標」這三個項目，身為經理者必須在一分鐘之內就表達清楚。

當然，必須抓住重點，以簡短的言詞表達出來，如果經理可以做到這一點，部屬們對其下達的命令或要求自然會欣然接受。所以，如何在一分鐘之內簡捷地表達出事物的核心，這也是要說服別人時的要件之一。

× × ×

【座右銘】雄聲而視者，虛偽人也。

《意林》引《傅子》

一個人如果大話連篇而又目光畏縮，他一定是個心口不一的人。

眼睛是心靈之窗，不管言辭如何有力，內心的虛偽總會從閃爍不定的目光中表露出來。

13.──「替別人設想」會加倍說服效果

●切忌弄巧成拙

人與人的交際往來中，若能設身處地地替別人著想，將會使人際關係更趨和諧，工作進展更加圓滑。「替別人著想」的用心表現在談吐上，則是婉轉而間接的表現法。

但是，有的人即使只是要向別人要一件小東西，也矯柔做作地用迂迴婉轉的說詞，未免是表現過當。

「有一件事想拜託您，不知您……」

對方一聽，心想大概有什麼要緊的事──

「能不能給我一支香煙。」

「原來是這點小事。別嚇唬人啊！」

直接了當地說就可以的事，卻故意拐彎抹角，反而會讓對方覺得莫名

奇妙。說不定會因此而導致相反結果。

因為當人聽到別人用比較婉轉迂迴的說詞時，內心裏就會警戒著「到底是什麼事？」在還不知內容真相之前，內心裏就焦急地想要知道到底是怎麼一回事。

「我想早一點告訴你……」

「什麼事呢？」

「我本來就想說了。」

「是什麼事呢？」

「不過，昨天我考慮的結果還是不要說的好。」

「到底是怎麼回事呢？」

「但到了今天早上又覺得還是說了比較好。」

聽到這麼拐彎抹角的說詞，一般人大概會惱怒地覺得「隨你便好了」而掉頭走開吧！到底想要說什麼，要求什麼，如果沒有明確地表示出來，聽者是很容易厭煩的。這也是造成聽者不願再聽下去的主因。

其實，這是說話者太在意如果明示出心中的訴求後，對方會有什麼樣

的表情，或令人不快的反擊，「擔心這個，煩惱那個」於是無法直接了當地表白了。

「替別人著想」必須也要顧慮對方的狀況、心境，而不是在意對方如何地看待自己，否則「替別人著想」，可能變成「給對方添麻煩」。

所以，如果一味地因想要「替別人著想」而拐彎抹角地說話時，恐怕也會落得弄巧成拙的結果。

●疏忽會造成的傷害

儘量替別人著想，是自我表現上一個要點。

但是，有時自己不經意的一句話或行為，卻會傷到對方的自尊心，甚至給予強烈的打擊。人，十人十樣，每個人的觀點、想法，甚至感受都不可能一樣的。對某件事也許有人在意，有人卻不放在心上，而有人卻不願意提及。如果能夠了解每個人對事物的感受和接受方式，一定可以使自己的人際關係更寬闊，而且懂得如何與人相處之道。

有一位大學教授想在美國的大學攻讀學位，於是到美國留學。但是，

13.——「替別人設想」會加倍說服效果

因為過度用功讀書而生病了，必須有一段時間住院治療。

在醫院裏他和一名年老的美國人同病房。傍晚護士到病房來，用潔白的毛巾仔細地替老年人擦拭胸部、背部等。但是，護士卻拿一個黃色小毛巾，有如扔髒東西一樣地丟給那位大學教授。

那位大學教授霎那間覺得非常不快，不過心想對方是老年人，自己還年輕也就不去計較了。

隔天，大學教授和隔床的老年人閒聊起來，當他告訴對方自己是台灣的某大學教授，因為想在美國的大學攻讀學位所以到此地留學，老年人立刻帶著非常尊敬的眼神深表佩服地頻頻點頭。

到了傍晚，護士跟昨日一樣地給老年人白毛巾，而丟給台灣教授黃毛巾，結果老年人突然對護士大聲地說了起來。其內容大概是這樣的。

「這個人雖然是台灣人，卻是位了不起的教授。而且還想在美國的大學裏攻讀學位。雖然是台灣人，卻和普通的台灣人不一樣呀！」

聽了這番話，護士的態度驟然改變，帶著無限崇敬般的眼神看著那位台灣教授。當然，也和對待美國老人一樣，用毛巾替台灣教授擦拭身體。

這時，那位教授頓時感到一股無可言喻的屈辱感，整個身體不停地顫抖起來。因為，他深深地體會到從未感受過的種族差別。

教授回國之後，在不知不覺中，在言談舉止上處處表現出替別人著想的態度，深怕因自己會有造成傷害別人自尊心或給人屈辱感的無心之失。

●替別人著想會使說服更有效力

在銀行的窗口一名年輕職員和一位老年人發生爭執。

「這樣不行的。」

「為什麼？這種事沒什麼關係吧！」

「您只要在這個地方簽名就可以了。」

「我不是蓋了印章嗎？為什麼就不可以呢？」

老年人漸漸地顯出慌張的神色，而聲音也大了。

（到底發生了什麼事？）附近的人都把視線投在他們兩人身上。「如果沒有寫本人的姓名，銀行是不承認的。」

「算了！」

老年人終於惱羞成怒掉頭離去。事後才知道原來這位老年人不會寫字。被銀行職員要求「簽名」這件事對老年人而言是無法忍受的。雖然年輕職員只是照章行事，結果卻讓對方感到恥辱。如果銀行職員能夠多為對方著想，可能情況就不會如此的糟糕。

如能察覺到對方的態度顯出不自然時——老年人漸漸地顯出慌張的神色，應對的方式就不一定墨守成規要對方依規定辦事，應該還想到其他的表現方式。

不過，前面的事例中不論是美國的老人、護士，或銀行的年輕職員都絕對不是有意要打擊對方。而只是不夠細心替對方著想而已。

人，可說形形色色，各有其不同的人生與生活。若要能夠依每個人的狀況而為之設身處地著想，且在表現手法上因人而異隨機應變，即表示人已能夠懂得每個人的不同感受及人生。

當然，要能夠深切地體會到每個人會有不同的感受，必須具備「感受性，共鳴能力」「高尚的教養」「豐富的生活經驗」，而最重要的大概是「日常的努力」和「處世態度」這兩點吧！

自認堅持自己的主張是正確的、自己的要求並不過份。因此，對於持有不同態度或想法的人任意地批評——

「為這種事而生氣才奇怪。」

「那種觀念我無法理解。」

這種人在事物關心上就是缺乏「日常努力」。而且，人有時會在不知不覺中給對方添麻煩，這樣的麻煩應該儘量減至最低。而這就關乎所謂「處事態度」的問題了。

光憑口頭上的技巧是無法說服人的。只有合時合宜的自我表現力以及有能夠支持這種力量的性格的人，才能發揮駕馭人心的力量。

總而言之，所謂說服力是一個人的綜合能力。

× × ×

【座右銘】庸言必信之，庸行必慎之。

《荀子．不苟》

平常說的每一句話，都必須說了算數；平常的任何一種行為，都一定要謹慎又謹慎。

14.——利用「聊天」打開對方心扉的說服術

●打開心扉的關鍵——「聊天」

有一位議員，常有事無事就到議會辦公室閒聊。辦公室的職員們對他倍覺親切，如果是那位議員所託之事，從來不嫌麻煩。甚至還儘可能地給予援助。

一名資深職員苦笑地解釋說：

「這是所謂的移情作用，真玄哪！」

某公司一位屆花甲之年的經理，竟然在年輕女職員當中倍受好評。他的身材瘦小，也不會花言巧語。長相也不怎麼樣，只是從來不會擺出經理的架子。態度直爽親切，簡直和一般職員沒有兩樣。

當午休時間職員們閒聊的時候，他也會信步走來加入其中。雖然他的職位比別人高，卻能夠和一般職員打成一片。而且還經常開玩笑說：

「我已這把年紀了，應該已經是人畜無害了吧！」

其實，就是這個說詞才讓女性們覺得放心。

親切地閒話家常，不擺架子，人畜無害——。只要具備這些條件，女職員自然也能夠敞開心胸與之接近，而且碰到任何問題時，第一個念頭就是——「去找經理商量」。

當然，如果經理有事相託時，一般人都二話不說地欣然答應。

另一個例子——

在某保險公司的保險課裏，有一名職員催收滯納金的手腕之高明無人可出其右。到底是什麼樣的人呢？您或許會以為他一定是頭腦靈敏又身懷絕技的超人吧？事實上，他只是脾氣好，看來極其平凡的職員。

當他到客戶家催收保險費時，即使明知碰到的是客戶的太太也絕口不提保險費的事，會隨興地閒話家常。例如：

「剛才在轉角看到一隻大狗，直盯著我狂叫。好大的一隻狗。我並不討厭狗，但是，太大的狗還叫人害怕呢！」

他的談吐方式顯得非常親切，於是客戶的太太也笑出聲說：

「啊！一定是那隻狗。」

結果兩個人東拉西扯地聊個不停。或例如說最近道路施工中，造成許多不便吧，或者對面蓋了大樓，真令人羨慕。而在閒話家常的時候，客戶的太太自己就先說出口了。

「對了，保險費還沒繳呢！」

●說服的武器——「聊天」

如果一開始就擺出一副要說服人的樣子，難保對方不會在心理架起一道防線。所以，說服者應該利用閒聊方式舒緩對方的情緒。當對方打開心扉之後，即使不刻意說服，對方也會積極地主動合作。

有人一定會懷疑事情哪這麼簡單？如果是有利害關係或感情糾葛的事情，的確並不這麼簡單。但是，即使是相當棘手的事，利用聊天的方式也可能馬到成功。

地政事務所一名年輕課員，到某未亡人家裏交涉土地徵收的問題。

「不答應會怎麼樣呢？」

「那只好強制徵收了。」

這句話深深地觸怒了對方，

「請回去吧！我絕對不放手！」

未亡人臉色嚴竣地把該名課員逐出門外。

經過一段時間，一名資深的課長又前去交涉。前去拜訪時他從來不提土地徵收的事，只是和該未亡人一味地閒聊。回家時則只說句：

「改天再來喝茶。」

然後就離去。以後又好幾次到這裏閒話家常。不久，該未亡人終於屈服了。

「真服了你！」

由此可見，聊天是說服的秘密武器。

●在工作上的指導原則及實例

上司利用每天的接觸適時教育部屬稱為「日常職業訓練」。但是，上司若只是一味地命令差使，碰到什麼事就把部屬叫到跟前來說教，反而會

引起部屬的反感。所以，賢明的管理者，即使碰到不稱心的事，也要睜一隻眼閉一隻眼，表現出彷彿「日常職業訓練」與自己無關的態度。

事實上，在平常的談話當中，教導下屬認識工作的重要性，並引導他們往正確的方向邁進才是「日常職業訓練」的真正目的。因此，處於上位者應該在日常生活中就磨練自己的談話品味。

不過，談話並非漫無目的，即使是在開玩笑，詼諧的話中也必須帶有警示對方的要素。

因此，首先是要活用機會。一有好時機時，即使要稍緩一下手邊的工作，也要騰出時間來做溝通。所謂「機會教育」，如果失去時機就毫無意義了。

其次，既然是平常的談話，就必須收斂上司對部屬的高慢態度。

「神氣什麼」讓對方有這種感受的談話方式，絕對無法打動對方的心。

有一位急性子的上司。腦筋非常靈敏，因此，總覺得部屬的工作態度很怠慢、遲鈍。這種心思也使得他更加地心浮氣躁。當他看到下屬的報告書上有錯誤時，便會勃然大怒敲桌子，大聲怒吼：

「這樣的報告書到底是誰寫的！」

當報告書的書寫方式不得要領時，他會以粗暴的口吻指示書寫者：

「不行，重寫！」

然後把文書丟回去。

像這麼急性子的人，經過二、三年的磨練後倒也變得老成洗練了。即使發現報告書上有錯誤，頂多也只會微笑著說：

「是誰寫的這樣的報告書呢？叫人真想破口大罵他一頓！」

同時，對於文稿寫得不得要領者也會開玩笑地說：

「就算這是封情書也寫得太差了。」

而也不會用甩地把文書交給對方。

後來，他的部門轉來了一名年輕的職員A。這個A也是急性子，不到一個禮拜就和同事起了爭執。到第十天竟然大聲地對同事怒吼說：「你別欺人太甚呀！」

聽到這句話的上司，利用午休時間邀他到咖啡店喝咖啡。在簡單的閒話家常後——

「你似乎也是急性子嘛！」

「啊！您聽到了？」

「你那麼大聲地怒吼，當然聽得到啊！」

「對不起！」

「我在二、三年前也非常的急性子。」

「課長您也是嗎？」

「是啊！以前常聽人說動怒的時候就先數十下，但是，一旦真的惱怒那有心情再去數十下呢。後來，我想到了一個在惱怒時可以平撫情緒的好方法。」

「是什麼方法？」

「這挺有效的噢！一般人在勃然大怒時都會握緊拳頭，也就是手掌會用力。此時，試著打開握緊的拳頭。如此感情會隨著慢慢地舒緩下來。」

「哦？」

「手最能夠表達人的感情。當你想破口大罵時，先看看自己的手。一定是成拳頭的態勢。」

「原來如此。」

年輕的A，坦率地聽從了上司的話。從此之後，當他惱怒時慢慢地也會試著張開拳頭以舒緩自己的情緒。

上司利用談話來指導下屬，其內容可從生活的小智慧到對工作的態度以及人生觀等。而這對部屬所造成的影響也越大。

●絕對有用處——儘量「聊天」

聊天被認為是無意義的事，很少有人認真的去思考它。但是，在日常生活中聊天所具有的功能是非常重要的。

沉默寡言的人，認為「沒事就不必說話」，他們完全沒有察覺到聊天所具有的功用。

曾經有人說：「不沉默的態度亦有其重要的功用」，即使沒有特別的事，聊天本身也是有其意義的。

丈夫工作完畢回到家裏。太太說：

「你也開口說點什麼話吧！」

「沒什麼好說的！」

這種情況彷彿是把家裏的燈關掉一樣。哥德說：「多賜我光明。」，而家庭之光是由聊天而點燃的。不禁令人想勸各位說一句「多來聊天」。

× × ×

【座右銘】小人詐而巧，似是而非，故人悅之者眾；君子誠而拙，似迂而直，故人知之者寡。《省心錄》

小人奸詐而乖巧，好像是對的，實際是錯的，所以喜歡他的人多；君子誠實而笨拙，好像是迂腐，實際是耿直，所以了解他的人少。

從表面現象看人，很難看準人。

15.—靈活運用「進攻說服」與「退守說服」

●第一印象在三秒內決定

某政府機關的數名高級長官，以研修接待為目的，在百貨公司做三天的販賣實習。對他們而言這似乎有點本末倒置。但是，其中一名參加者的感想是：

「剛開始覺得很難為情，不過實際體驗之後，讓我從中學了許多。」

他的表情雖然有點靦腆，卻一副經驗寶貴的樣子。

在實習當中必須和年輕的女販賣員一起站在販賣部。

「剛開始連歡迎光臨都說得不好。」

這也難怪。因為不僅是說而已，還必須掌握住恰當時機。不但要掌握住恰當時機，「歡迎光臨」這句話必須說得能打動顧客的心。甚至，這一句話也可能是顧客決定是否購買的重要依據。

15.——靈活運用「進攻說服」與「退守說服」

「原以為『歡迎光臨』是平凡無奇的一句話，事實上，其中卻包含著販賣者的熱誠與經驗。以後到百貨公司觀察販賣員如何說歡迎光臨倒也是一項樂趣了。」

為了擴展事業，吸收外界的氣息是值得鼓勵，而且對於政府機構的高級職員也是一個好的刺激。而從那些職員所體驗的「歡迎光臨」這句話來聯想碰面雙方的心理問題時，其中似乎還隱藏著說服的玄機。

根據資深販賣員的經驗：「勝負在最初的三秒就決定了。」向顧客打招呼說：「歡迎光臨！」對方一抬起臉來我們就回報以笑容。在這一連串的過程中，已經在對方腦海裏留下印象，並且下定了某種判斷。

其中還有一個彼此投不投緣的問題。在一碰面的霎那間，人就會對對方產生好惡的感情，直覺地對對方有好感，或覺得其不好相處。這是人力所無法左右的。如果是覺得對方不討人喜歡時，那麼，應該想辦法在接下來的態度上下功夫了。

如何在碰面的最初三秒內紓解對方的警戒心。因為過度熱心而缺乏從容的態度，連「歡迎光臨」的招呼語也不說，一見有顧客上門就趕緊近前

去說：

「您覺得怎麼樣？」

隨即把東西陳列在顧客面前，會讓顧客架起一道防線而掉頭離去。

顧客站在某處瀏覽商品時，不妨先做一次呼吸。等雙方四目交接霎那立即面帶笑容地說：

「歡迎光臨！」

如果顧客手裏拿把傘，

「外面雨下得很大嗎？」

利用這句話保持彼此從容的態度。如此，顧客的情緒也會和緩下來。

「能不能拿那個讓我看一下。」

然後顧客的心就移轉到商品上了。

挨家挨戶做訪問推銷商品時，按門鈴後多半家庭主婦會出來開門。當然只是露出臉而已。這時一定要謙虛地說：

「您好！」

而且儘量面帶笑容。這麼一來，對方也顯出放心的表情。

「什麼事?」

不僅是屋子的大門，還必須讓對方打開心扉。據說達到這個目的的要訣是要——以退為進。

●進攻或退守

一提到說服，總帶有「強迫自我主張」、「堅持到底」等印象。而不僅是印象而已，有許多人實際上都是「在對方有意見之前先表達自己的主張」。

（不論如何必須說服對方）的想法，也許就是造成要搶著在被對方反對之前表達意見的焦躁感吧！

因此，碰到要說服別人的狀況時，多半變成「進攻式的說服」。而被說服的一方因為經常碰到「進攻式的說服」，所以，一開始就採取警戒的態度。

「有一件事想要拜託您……」

當這句話一出口，對方就警戒著不要被說服。而為了說動對方則必須

消除對方一開始所架設的防線。亦即必須讓對方敞開心扉。

當顧客把門打開一條縫的瞬間，立刻抓住把手強行進入門內，試著發動「進攻式說服」時，對方一定立刻在其心扉加道防鎖。

在工作場合裏，因為硬性地做自我推銷而導致失敗的人並不在少數。不過，「進攻式的說服」並非完全行不通。如果碰到下列情況，這種積極的遊說方式反而能夠產生效果。

・讓對方瞭解問題或狀況的背景。

・催促舉棋不定的對方下定決心。

碰到徬徨不定的人時，必須以堅定的口吻遊說對方：

「這樣可以了吧！就依照這種方式進行吧！」

這樣對方就能立刻下定決心——

「好吧！就這麼辦吧。」

負責與某客戶交易的負責人，突然由A改成B。隔天，客戶立刻打電話到上司那兒抱怨。

「我非常清楚您所擔心的事，不過B也挺牢靠的。」

上司不停地解釋，但是，這是上司的過失吧。站在客戶的立場而言，長久以來與他配合良好又值得信賴的A，竟然突然地改變成B，理所當然會覺得不安。身為上司者，應該先顧慮到對方所擔心的事，在人事更動之初儘可能與B同行或先打電話向對方做說明，否則B將無法取得對方的信賴。換句話說，這時必須採用進攻式的說服。

事情有所變更時，一般應該在事前先做說明，這時就可以運用「進攻式說服」。

該進攻或退守，必須根據問題的性質以及對方的心理狀態做有彈性的選擇。

●打烊時顧客來了——「以退為進」

不知從什麼時候開始，每到晚上七點左右，就遠遠地傳來賣麵的呼叫聲。雖然這裏是住宅區卻不密集，不免讓人懷疑這種地方會有誰去光顧。

有一天，一位孩子想吃，雖然父親對他開著玩笑說：「好吃鬼！那一定不好吃。」但是孩子卻執意要吃，父親沒辦法只好說：

「那麼，明天晚上我帶你去吃吧！」

隔天晚上賣麵的卻沒來。再隔一天晚上也沒來，奇妙的是，此時連本來並不想吃的父親也迫切期待賣麵的趕快來。

「我自己也覺得很不可思議。」

「結果還是吃了嗎？」

「第四天後終於吃到了。也許是等待已久的關係吧！很好吃噢，哈哈哈……」

父親覺得不好意思地笑了。

人的心理的確非常奧妙。對於垂手可得的東西一點也不心動。

有一所洋裁班想利用晚上增闢瑜伽教室，為了招生做了一塊招牌。但一個月過後仍然無人問津。

「招牌做得不好吧！」

「招牌重寫吧！」大家協商後決定把招牌拿下來。結果奇妙的是，招牌一取下後隔天，就有人打電話來查詢。

「瑜伽招生已經額滿了嗎？」

「還有，目前還在招生中呀！」
「那麼，現在還可以報名嗎？」
「可以呀！歡迎歡迎。」

據說查詢電話當天就有十多名。但這並不意味「不需要招牌了」。因為在這一個月裏，經過該處的人也許看過那招牌好幾次，內心正想著（那一天有空到裏面瞧瞧看），已經對瑜伽產生興趣了。但是，突然有一天招牌不見了，這些人便會著急起來。

先引起對方的關心再引身而退。這是「退守說服」的典型，也是巧妙運用人的心理的一種說服術。

× × ×

【座右銘】知者不失人，亦不失言。

《論語・衛靈公》

聰明的人不失掉人，也不會說出不恰當的話。

16.——擅於說話者必先是能洞察對方的忠實聽者

●會聆聽別人說話者才是說服高手

有幾位在工作上相當活躍的課長，針對「管理者的自我表現」發表個人的意見。一名課長語重心長地說：

「在我們公司，會說話的人都沒什麼出息。真正的大人物似乎都是沉默寡言者。」

此話一畢，另一位課長點點頭說：

「會說話的人並不見得了不起。在我們公司也有一些非常能幹的人說起話來慢條斯理，有時甚至也不清楚在說些什麼。」

當全體參與者紛紛表示贊同時，一位年輕的課長又提出了問題：

「會說話也許和是否擅長於演講有關，但是，我認為並不只有這些。當然，它和口沫橫飛地愛說話者又有不同。我想應該是一個人的綜合能力吧！」

這種說話能力是源自人性能力的看法，正說中了問題的核心。從這個觀點看來，說服也不是什麼高明的說話術，它必須在一個人的綜合能力的支援下才能產生效果。

話雖如此，一提到說服，有許多人就以為是「甜言蜜語誆騙對方」、「巧言辯論以辯倒對方」。因此，說服時只讓人注意到說話本身，而說服失敗時就以為是「不會說話」。

其實，「自我表現」並不只是滔滔不絕地陳述自己的事，除此之外還要仔細去了解對方，透過「說——聽」的溝通以達到彼此理解的目的。

說話本身也是一種聽話，或意味著其中包含著高比例聽取力的一種人所具有的綜合能力。如果忽視這一點，處心積慮地在話語上下功夫，是錯誤的觀念。

事實上，好的聽者才是最會說話的人。即使口若懸河卻不擅於聽話，這種單向溝通只會落得強迫人屈服的印象終場。

附帶說明的是，「聽」本身並不表示沉默。有許多人雖然不擅說話，卻很會聽人說話，也有不喜歡說話卻喜歡聽人說話的人。這些人的觀念只

是認為「聽＝沉默」罷了！

保持沉默就無法進行溝通，而且沉默地聽並不是聽的行為。這裏就產生第二個誤解。一般人都錯誤地以為聽是被動的行為，任何人都做得到。許多人以為自己擅長聽人說話或可以聽人說話，都是來自這個誤解。

其實，聽並不是被動的行為。保持沉默趁機休息更不能算是聽。聽是個積極的活動。其活動可以擴展到說、觀察、判斷等等。換句話說，一邊聽一邊說，一邊說一邊聽。如果能夠體會到「聽＝活動」的人才真的可以成為好聽眾，會說服的人。

●聽六分講四分——好聽眾的條件

「自己絕不開口說話」「只想慎重地觀察對方的態度」——這種類型者並非所謂的好聽眾。

「禍從口出」這話是指言多必失，甚至可能因為言辭而招致災禍。反過來說，保持沉默地處於聽者的立場，就可平安無事了。但是，其條件是必須順從他人。

如果有自我主張，企圖對他人遊說，就必須脫離上述的狀態。同時，想要成為善解人意的聽眾，也必須改正一味沉默表示順從的態度。

成為好聽眾的首要條件是，自己也必須說話。

平常相處融洽的同事，突然態度顯得頹喪，跟他說話也沒什麼反應。於是邀他到咖啡廳坐坐，看看是否能夠找出些端倪。

「難道你對我有什麼不滿嗎？」

同事只說：「沒什麼。」就帶著嚴肅的表情保持沉默。

在這情況下根本問不出什麼來。為了讓對方開口，自己也必須說話。以這個例子而言，突然帶著詢問的口氣說：「是否對我有什麼不滿？」

以這句話開頭並不太恰當。應該先東拉西扯地閒聊，舒緩對方鬱悶的氣氛，直到其表情展露出開朗。在這過程中自己必須說話。

既然是同事，應該對他的興趣也有所瞭解，這時，就把話題轉向這方面。如果對方內心裏有所癥結時，大概不會輕易地產生興趣吧！即使一、兩個話題後反應仍然不好時，也不要氣餒，試著再從其他的角度去舒緩對方的情緒。

●耐心聆聽就能找出對方的癥結所在

當對方三兩句地說起話來，就應該試著從他的話中找出癥結所在。以這個例子而言——

「前幾天冒著雨到台北市政府附近辦事，從地下停車場上來後，抬頭就看到凱悅飯店等高層大廈。再往左邊一瞧，新一〇一大廈聳立在眼前，而且上面覆蓋著烏雲還看不見樓頂。」

「嗯！」

「那附近大概有很多摩天大廈吧！真不知地震時要不要緊呢！」

「聽說沒什麼問題。」

同事的表情總算稍微地柔和起來。

「在西元二〇〇三年底，一〇一大廈就要正式營運了。」

「真的嗎？」

「在技術上沒問題的樣子。」

「真嚇人！」

「不過，如此一來東區的人口就越來越密集了。你我現在每天通勤上

班就擠車擠得半死，那時可就慘了！」

「我是累死了！不像你每天仍可精神飽滿，還可以到外縣市出差呢！」

同事的這句話讓我想到一件事。

（他最近似乎疲勞過度，無法到遠地出差。）

公司裏到處流傳著這樣的謠言，他似乎以為是我所造的謠。

「我想趁這個時候說清楚，那個謠傳並不是我捏造的。只是有一次和課長在閒聊時，開玩笑地說過我們都因為早上擠車上班而累得半死。也許謠言就是從這裏惹出事端的。」

「是嗎？」

「你我還有課長三人當面談一下就明白了。這件事由我來辦，就利用今天午休時間吧！」

只要能夠掌握住對方內心的癥結，以後的因應措施就好辦了。

為了達到這個目的，必須從說說聽聽的過程中誘使對方說出內心事。

在某人際溝通訓練班裏，有一種訓練方式是讓學生到講臺來，以一分鐘的時間任意呼叫其中一名參與者，並做簡單的詢問。這時如果能夠提出

適合對方狀況問題的人，就表示在上課前曾仔細聆聽每個參與者所做的自我介紹。

「陳先生，據說你有個兩歲的孩子，已經會說話了嗎？」

對被詢問的陳先生而言，是令人樂意回答的問題。

「很會講話呢，和我太太一樣。」

這個問題就問得非常恰當。如果沒有仔細聽別人自我介紹的人——

「坐在那邊的，帶著眼鏡的，王先生吧……」

連對方的姓名也記不清楚。

「我姓林……」

對方的回答也不起勁了。

從以上的例子就可以明白不仔細聽別人的話，或不會問話的人就無法做好溝通。

× × ×

【座右銘】眾口所移，毋翼而飛。 《戰國策・秦策三》

一件事在很多人口中流傳，雖然它沒有長翅膀，也會飛向四面八方。

17.——好聽眾才懂得如何引導出話題

●巧妙引導話題的方法

某雜誌社的編輯部，希望一位作家能替他們執筆新增闢的一個連載專欄。該雜誌社的編輯鄭先生笑著問作者說：

「最近很忙吧？」

「簡直忙壞了，工作老是做不完。」

「是不是仍然要到處去演講呢？」

「是啊！有時為了兩個鐘頭的演講，還要搭飛機到台南或高雄，交通的時間比說話的時間還長。」

「這可真辛苦啊！」

鄭先生一臉笑容，偶而還四處瀏覽。這時他突然看到貼在牆壁上的「口才訓練教室」的海報。鄭先生於是立刻拿它做話題。

「這種海報多半貼在什麼樣的地方？」

「由於預算不夠，只好拜託朋友貼在商店或學校，比較引人矚目的場所。」

「有效果嗎？」

作家熱衷地企劃這個口才訓練班，當然希望更多的人來參與，因此，只要是關於口才訓練班的問題，當然會引起作家最大的關心，於是作家興緻勃勃地提到這方面的事情。鄭先生除了仔細聆聽作家的談話之外，還偶爾對作家提出要點式的詢問。

「是什麼樣的人會來參加樣的練習呢？」

「課程的安排是怎麼樣？」

「參加者多半談些什麼話題？」

當作家一一地回答這些疑問之後，鄭先生就慢慢地將話題轉入其來拜訪的主題了。

「其實我是想來拜託您，是否能夠替我們雜誌的連載專欄執筆，就以口才訓練班裏實際出現的話題為材料，談一談說話時的技巧等等……」

由於他所請求的事和之前二人東聊西扯的內容有關，因此，幾乎在毫無抵抗的心態下作家就簡單地說：

「可以啊！」

毫無疑問地，作家已經完全被鄭先生掌握了，卻一點也不覺得生氣。當應允之後鄭先生還非常客氣地說：

「在您煩忙中來打攪您，真對不起。」

如果換做一名不成熟的年輕編輯者，說不定一來就會單刀直入地說：

「其實，今天來是想麻煩您替我們雜誌中的連載專欄執筆。」

讓人不知如何是好。

「我經常要到各地演講，行程已排得滿滿的，如果每個月都要寫稿，恐怕……」

「這一點就請您多幫幫忙，每個月只要寫十四、五張稿紙就可以了。」

「那麼，要寫什麼樣內容的文章呢？」

「我們希望您以會話的重點為題，做連載的敘述。」

「這種題目太陳腔濫調了吧！」

每個月必須寫稿的負擔感以及老舊陳腐的題目，教人一點也提不起勁來。

從漫不經意地問話中，讓對方主動地打開話匣子，引起其對某話題的興趣；這才能成功地說服對方。而年輕與資深的差異就在此吧！

●優秀的採訪者必定也是好聽眾

利用恰當的問題製造氣氛，巧妙地誘導談話進入主題，再集中注意力從對方談話中看穿其真心本意。好聽眾和優秀的採訪者一樣，是懂得帶領對方，自然透露更多資訊的人。

一提到採訪，有人可能以為這是採訪記者的專業，與自己毫無關係。其實，任何人都會扮演採訪者的角色。

與對方碰面，藉著對談的方式從其口中套出工作上所必要的資訊，是最直接的資訊收集方法。同時，想到認識對方時，任何人都會把自己扮演成採訪者的角色，向對方提出各種疑問。

有一對男女經過愛情長跑後決定終身相許。男方是位建築家，平常沉

默寡言。顯然他們兩人情投意合，但同時卻還有一個難題。即男方必須向女方那頑固的父親請求同意他們的婚事。

當要去請求未來的丈人「把女兒嫁給我」時，最要緊的是必須先了解其父親的事情。

平常沉默寡言的他，在這個緊要關頭，也只好把自己扮演成採訪者，向女朋友詢問有關其父親的問題。譬如「興趣為何」、「酒量如何」、「愛讀什麼書」、「血型」、「喜歡什麼類型的人」等等。

然後，在某個星期天的傍晚，當女方父親打高爾夫回家後——他從女友口中得知這個時候是其父親心情最好的時候，專程到女友府上拜訪，結果他被未來的岳父一眼看中，所有的難題也一併解決了。

由此可見，訪問對任何人而言非但不是無關，而且還是切身的問題。

想從對方的談話中看穿其內心事，必須注意下面三個要點。

一、必須用耳朵仔細聽對方所說的話。同時不能只聽表面的意思，還要當握住語調等所傳達出來的弦外之音——真正的心意。

例如「可以啊！」這句話，到底是對方表示坦率地應允的意思，或隨

便都可以的搪塞之詞；必須在瞬間掌握住，否則無法洞穿其真心。因此，在談話的過程中一點也疏忽不得。

二、用眼睛觀察對方的表情、態度、動作等，掌握住語言之外肢體語言所表現的意思。

人並不見得會把自己的感受、思考內容完全以語言表達的方式顯示出來。即使碰到可以暢所欲言的場合，有時也會心存疑惑或警戒心，在言詞中看不出其真心意，卻隱隱約約地會以態度表現出來。

許多人在其無言的態度上是有所意圖的。但是，如果聽者無法看出說話者無言的訊息所代表的意思，就枉費說話者的無言表白而任說話者在內心中焦躁、慨嘆不已。

「怎麼一點也搞不懂呢？」

「那個人真是遲鈍！」

這種聽者將永不能成為可以說服他人的好聽眾。因為聽的行為中還必須包括用眼睛仔細地聽。

三、用口問。

聽者也必須提出疑問，保持說與聽的反覆動作。因此，「沉默地聽」是錯誤的，有這樣的想法時就不能聽出話中的真意了。

人在被說服時亦會呈現出下列幾種類型：

- 帶著警戒心三緘其口的人。
- 靜待對方進一步態度而保持沉默者。
- 過度緊張而無法暢所欲言者。
- 採取不被說服的拒絕姿態而不開口者。
- 找不到恰當的說詞而困惑者。

基於這些理由，有不少被說服者都閉口不言。這時如果說話者也保持沉默，當雙方無言以對的時間一久，性急的說服者就心浮氣躁起來，甚至會粗暴地指責對方說：「你也開口說點話吧！」其結果只會使對方更形沉默，或演變成激烈的爭吵，要說服對方可就難了。

在說服對方時，應該爾偶聊聊天，開開玩笑，談一點輕鬆的話題，製造容易溝通的氣氛。為了達到這個目的，必須以聽者的立場說話。

所謂好聽眾是指活潑地運用耳、眼、口等三個器官，不留痕跡地把對

方導向自己的掌握中的人。

這一點並不是任何人都可以輕易做得到的。

●蘇格拉底的問答式說服法

蘇格拉底的問答式說服法是舉世聞名的。藉著一問一答以說服對方的方法至今仍被廣泛地運用，詢問的方式是有助於讓對方接受自己的想法。

在某教師的集會裏，一名講師突然提出問題說：

「所謂教育是剛柔並濟，這句話是什麼意思？」

有幾名教師異口同聲地說：

「是指不可太過嚴厲，也不可太過驕縱。」

「適當地管教，適當地懷柔是非常重要的。」

「換句話說，是剛與柔要適度的意思。」

於是這位講師又說：

「原來如此！那麼把柔比喻成糖，剛當做鹽時，現在的回答是表示適當地把糖和鹽摻雜在一起就是好的教育囉！」

霎那間會場悄然無聲。

「各位，您曾經把糖和鹽摻雜在一起吃嗎？這可不是人吃的東西呀！」

話畢，引來哄堂大笑。

「所謂剛柔並濟，是指該嚴格的時候就要嚴厲管教，必須寬容的時候就要忍讓的意思。」

這位講師就是利用這麼一問一答的方式，把自己的主張灌輸給其他教師們。

× × ×

【座右銘】巧辯縱橫而可喜，忠言質樸而多訥。 《為君難論》下

虛偽不實的辯論，動聽又少約束，聽來令人喜歡；老老實實的話語，沒有修飾，聽來覺得笨拙。

知人難，即難在辨識各種的言語。

18. ——以理性的說明讓對方感情心服

●「說服」的含義

說服可以說是「說明」與「心服」的合成語吧！

說明的「說」是「對別人解釋事物的條理，以使其順從。」的意思，是指說服者的遊說功夫。

心服的「服」是「理解而服從」的意思，是指被說服者徹底了解後甘願心服。

因此，說服這兩個字裏包含著說服者與被說服者雙方的態度。而說服的要領就在於如何保持「說」與「服」之間的平衡。

「說」是把事物的本質、必要性，以條理性的說明讓對方理解的一種運作工夫，其重點是訴諸對方的理性。

而「服」是要讓被說服者在情緒上能自動自發地接受說服的狀態。因

此，訴求的重點是對方的情緒、感情。

換言之，所謂說服是理性與感情的雙面訴求，讓對方處於「明白了，就依你所說的來做吧！」的狀態的一種常識。

●改變視點會使說服變得順利

在說服時若忽視有條不紊的道理說明，是錯誤的。的確，「世間萬事並不按牌理出牌」，但是，無論如何，別人是不可能對毫無道理的事情表示ＯＫ的。

「您說的一點也不錯！」

「聽了說明後，總算明白了。」

因為有這樣的反應，說服才能繼續進行。

「你的說詞令人難以信服。」

「我不懂你的說明。」

若是這樣的狀態說服就無法進行。而只有在對方ＮＯ之前進退維谷。

因此，必須設法讓對方覺得「說得有道理」，「明白你所說的話」，

讓對方完全理解你的說明。不過，對方也有自己的想法與辯詞。如果對方頑固地堅持己見，一成不變的說明，只會讓彼此的溝通變成平行線而無法達成交點。這時該怎麼辦？

試著改變說服的角度也是一個方法。當對方感到困難重重舉步維艱、意氣消沉時，就要說服對方鼓起勇氣奮發圖強。但是，這時對方多半是認定已經毫無指望。因此，必須設法讓他把這種消極的觀念做一百八十度的轉變。

●是否疏忽了其他利點

當人過度強調自我主張、堅持立場時，很容易造成偏見或短視。這時如果能夠給予其他的暗示，或許對方就能注意到其所忽視的地方。

某專任講師因為工作的關係，一時無法騰出時間應邀至研修會講課，必須改由其他的講師前往。當然，舉辦研修會的公司擔心如果代課的講師不清楚其公司狀況，可能無法達到研修的效果。

「難道不能想辦法讓原來的講師來嗎？」

對方的說詞也有道理。碰到這種情況，如果一味地以時間無法調配為由，來要求對方諒解是行不通的。應該認同對方所說的道理，而試著以另一種角度來說服。這樣成功率會比較高。

「我覺得有時換一換講師也有它的好處。對參加研習的人而言，新講師和原來的講師的教學方式不同，所強調的重點也不一樣，自然可以從中學到另一種看法。當然，新講師會和原來的講師充分地聯繫，在內容上絕對不會有所出入。而且，新的講師在教學上已有十多年的經驗，能力非常強。」

如果把說服的重點放在對方沒有留意到的利點上，就可能獲得對方的首肯了。

所以，不要一味地述說自己的情況或理由，應該站在對方的立場找出其所疏忽掉的地方。這是應用範圍廣泛的說服法之一。

●掌握人心就能驅動人

如果訴諸理性的說服，卻缺乏感情面的顧慮，就無法取得「說」與「

服」的平衡。

「話是這麼說，但是……」

「你說得不錯，但是……」

當對方有這樣的反應時，是因為說服者疏忽掉對感情的遊說，即無法掌握住對方心理的關係。

一般人都討厭被人說服。因為說服這個字眼裏多半含有「駁倒」、「順從」的意味。當人被他人駁倒或逼迫順從時，都會產生反感。如果缺乏這方面的顧慮，再怎麼搬弄道理做說服，一定會引發對方的反感。

懂得尊重人心、掌握人心者，才可能使對方臣服而成功地完成說服。

× × ×

【座右銘】于始慮終，于終慮始。 《群書治要．尚書》

事情開始，就要考慮到終結；終結，又要考慮到開始。俗話說，謹慎從事，善始善終。

19.——談不下去時不妨轉變「氣氛、人、場所」

●「空檔」的重要性

最令人感到困難的事，莫過於「如何適當地留下空檔」，當演講者能恰當地留下一段空白的時間，與聽眾之間氣息相投時，才算進入「談話投機」的狀態。

即使在演講前做好了充份的準備，如果無法適應當時，當場的氣氛、話題就不融洽。如果說話者與聽眾之間的對話不搭調，只會使會場變成菜市場般的吵雜。結果，演講者聲嘶力竭地大發議論，快嘴快語地根本顧不了與聽眾間保持適當地空檔。當然，結果將是慘不忍睹的。

其他的溝通場合也有類似的情況。

「不這麼做不行！」

「應該這麼做才對吧！」當要求過強時，對方的口氣也會變得強硬，

而雙方又互不讓步地堅持己見時，根本就忘了彼此間應該保持的空檔。

有時人心之小宛如連一滴水也裝不下的器皿。如果一再地嚷嚷不休，可能會觸怒對方。

有一位妻子對其處事專斷自為的丈夫常感到不安。但是，賢明的她卻懂得如何控制丈夫的行為。即使內心裏覺得「那件事應該這麼做才好」，「那個工作最好不要操之過急」，卻從來不在丈夫面前發表議論。也不會用強硬口氣責備他。只在適當的時機說句話：

「那個問題再考慮一下比較好吧！」

丈夫因為被說中內心事而擺出抵抗的姿勢。但是，妻子卻假裝一副毫不知情的樣子。

「吃飽了吧！喝啤酒？還是威士忌？」

馬上改變話題。

「今天喝紅酒吧！」

「是，遵命。」

她走進廚房取了一瓶酒，開始料理一些簡單的下酒菜。只不過幾分鐘

的時間，丈夫腦海裡卻開始環繞著妻子那句話的含意。不久——

「小菜來了！」

妻子已經把酒菜擺在眼前。

「妳要不要也來喝一杯呢？」

「好啊！」

這麼一唱一和之後，再做一次呼吸。

「剛才的事，你覺得怎麼樣？」

妻子不留痕跡地催促丈夫回答。其實丈夫本身對該事也有所考慮，因為剛才的一段空檔使情緒平靜下來，在心境上也開始轉向接受妻子建議的方向時，又聽到妻子再一次的問話。

「覺得怎麼樣？」

這時候理所當然地丈夫會點頭地說：「好吧！」

在適當的時機巧妙地製造出空檔，使對方心悅誠服地採納意見。

如果妻子不顧丈夫的抵抗態勢，連珠炮似地對丈夫大發牢騷地說：「像你這樣的人……」時，即使妻子的意見是正確的，丈夫一定也會猛烈地

反駁。

掌握一個人的性格及心理狀態而製造出適切的空檔，是說服別人時相當重要的一個要領。

●有時要更換選手

當溝通陷入膠著狀態時，除了影響到彼此的利害關係外，感情的糾葛更形嚴重。當產生好惡、愛憎的感情時，就枉顧事情的是非與道理了。而陷入感情用事的狀態。

感情的糾葛既不講道理，再怎麼訴諸理性的據理力爭也是枉然。這好比人體所出現的過敏反應一樣，一發難收。

常聽過因為更換負責人，而使原本觸礁的交涉，得以圓滿的結果收場的例子。

負責交涉的職員工作認真又熱心，但是，「那當然應該是——」的斷定式的表達方式常掛在嘴邊，這一點引起交涉對方的反感甚至讓對方覺得，「連看到你都討厭。」

這時候最好改變交涉負責人才是上策。因為姑且不論交涉內容如何，只因為那個人令對方討厭而已。

有人說，聽話時所應保持的態度之一是：

「不是聽誰在說話，是要聽對方說了什麼。」

這是因為會被「誰」強烈地影響的緣故，才有這種指責吧！事實上，說話者的不同，聽者的接受方式會有極大的變化。

從這裏就產生了所謂「代打說服」的方法。是指透過被說服者所最信賴的人物，以說服對方的方法。當說服行不通時，更換說服者也是代打說服的一種，這也是利用了對「誰」容易產生反應的人的心理。

連見面就令人討厭的負責人，早就該下台一鞠躬，改由新的負責人接替交涉。在這種情況下，對方一定會大肆批評前任者的作為，但是，千萬不要仗義執言或坦護前任者。反而應該處於聽者的立場，讓對方儘量地發洩內心所積壓的不滿。暫時讓前任者充當壞人也是必須的。

在市公所裏情緒激動的民眾對職員大發雷霆。這時常聽到的說詞是，

「我是繳稅金的人耶！」

「你不配說話，叫主管出來！」

這也許是怒氣難消的一種發洩手段吧！而「你不配說話」是對方要求換其他人前來交涉的意思。這種情況，課長、科長等「頭銜」就能發揮效果。

「是我把課長揪出來的。」

這可以讓對方獲得滿足且緩和其情緒。因此，碰到這種情況時，職員只要巧妙地運用更換選手的策略，就能化干戈為玉帛。

●變換場所的效果

人很容易受「場所」的影響。因為隨著場所的不同，心態也會有所轉變，人會隨著場所表現出恰如其份的態度、舉止。

日本上越新幹線的設備、車輛全是最新的款式。既平穩又舒適，車內也非常乾淨。有趣的是到車內販賣便當、土產的女性的待客品質也相對地提高。

也許是在快速急駛的潔淨車廂裏女服務員也自然地流露出高雅的待

客之道吧！當他們要移動到隔壁車廂時，會轉身向乘客說「真對不起」、「打攪了」、「非常謝謝」並且鞠躬行禮。這種感覺真好。

人很容易因場所而改變態度的傾向，當然也可運用在說服上。在吵雜的場所裏要說服對方非常緊要的事，只會讓對方感到厭煩而已。即使懂得因時制宜的人，卻鮮少有人利用「改變場所」、「製造場所」以提高自我表現的效果。

不過，不論是改變場所或是製造場所，都是為了提高說服的效果，因此，並不是只有改變場所就可以達到目的。

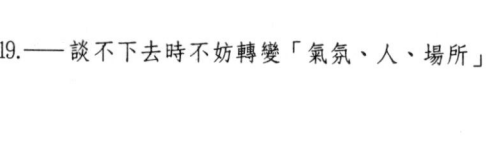

在日本的商場界至今仍然盛行酒精溝通的做法。它所達成的效果也不可忽視。在與酒為伴的輕鬆場合裏，融洽的氣氛容易讓人說出真心話，可以說是適合說服的場所。

有一名到日本做生意的年輕外國人，雖然努力地四處奔波，卻始終無法達成交易而傷透腦筋。日本企業的壁壘比想像中的還要深厚。這時某公司的經理打電話來邀約今晚去喝一杯。他想這也許是日本的習慣，於是當天晚上就陪著經理通宵達旦地飲酒作樂。甚至還到卡拉ＯＫ高歌一曲一首

才學會的日本歌。

隔天，那位經理就下了許多訂單。據說從此之後那個年輕的外國人一點也不敢忽視和日本人的晚上交際。

不過，並不見得在飲酒的場合裏事情都可以圓滿解決。有的人要說服部屬時會立刻想到「邀他喝一杯」，結果幾杯黃湯下肚後，竟然因為遣詞用句不當而演變成激烈的口角。所以，應該綜合地考量對方的性格、酒量及場所的氣氛才行。

× × ×

【座右銘】鍥而不捨，金石可鏤。

《荀子．勸學》

鏤刻一件東西，一直堅持不懈，堅硬的金屬和玉石也可以雕刻出來。比喻學習或工作，如果堅持到底，任何難關也能攻克。

20.——說「不」也有其注意事項

●「不」其意義與必要性

對對方的說服以「不」回絕，卻反過來說服對方的方法，即稱為「反說服」。

「我哪會說服人。倒是每天都被人說服著呀！」

有的人的確是如此。不過，在我們的日常生活中也有許多必須說「不」的情況。

「脾氣好無法拒絕別人的請求。」

雖然從來不拒絕別人的人比趨利附益、對無益己之事則一概不受理他人所託的類型者更能博得好感，可是有求必應的爛好人也並不可取。這也是程度的問題。

一、對別人的請求只會說「ＯＫ」的人，容易被別人看輕。

二、如果害怕因為「不」而引起對方的反駁，就無法成為有主見的自我。而變成「說不出『不』的弱者」。

三、隨便應允造成對方的期待感，結果卻無法回報對方的期待時，反而會給對方帶來困擾。

在必要的時候說「不」的反說服，不論對自己或他人，都是不可或缺的。不過「不」的說詞上要下點工夫。必須仔細衡量對方的心情、事情的狀況再作因應的措施。

在我們的觀念裏，被說服時爽快地應允才是可喜的態度。因此，一般人都不習慣被拒絕。認為只要已方提出要求對方應該答應。所以，碰到對方的「不」便露出一臉困惑的意外表情者不在少數。

甚至有人臉色大變而勃然大怒。尤其是上司聽到部屬的「不」時，彷彿面子掃地一般，立刻大發雷霆。

因此，說「不」時第一個注意事項是，要緩和對方因被拒絕而產生的反駁。有的人一旦表示拒絕之後就採取完全否定的態度。這樣就會加深對方反駁的情緒。

譬如，當對方邀約「怎麼樣？下班後一起去喝一杯吧！」如果一口就回絕「不行」「我不去」「沒那個閒工夫」……這種突如其來的「不」只會惹惱對方。

對方內心裏一定認為——「你這傢伙真討厭！誰還會再邀你。」

如果拒絕也是自我表現的一種方式，那麼，會讓對方產生不快的做法就不太好。您是否也有過讓對方覺得「以後不會再找那個傢伙……」的拒絕方式呢？這是需要隨時自我反省的要點。

●拒絕有三階段

急躁地要拒絕對方時，「不」就很容易脫口而出。若是表示拒絕，說服者也無所謂倒還不成問題，但是，說服者多半是在走投無路的情況下希望對方無論如何能夠應允。這時如果聽到對方說：

「你一看不就明白了？我那有這個空閒啊！鐵定是不行的。」

這種拒絕的方式當然會令說服者不快。甚至惱羞成怒地伺機報復。被拜託者在立場上是屬於優勢地位，應該以更和緩的方式表示拒絕。

譬如，前述邀同事喝一杯的例子，對方如果能夠先表示抱歉，再客氣地說明自己無法奉陪的理由，事情將會很圓滿。譬如：

「其實今天我剛好也有約。真謝謝你的邀請，改天再一起去吧！」

這樣的拒絕方式一定會令對方覺得，「真可惜，那麼改天再說吧！」說服者的心理絕對不會留下任何疙瘩，而且爽快地ＯＫ。

另外，同事在工作上有所相求時，千萬不要開口就說：

「你一看不就明白了嗎？我哪有空呢？」

應該說：「你也實在真忙啊！不過，你看我這張工作進度表，每天的工作都排得滿滿的。這個禮拜怎麼也抽不出空檔來。」

同時把工作進度表拿給對方看。對方也許會再問一句——

「沒辦法嗎？」

這時才回答說：

「實在沒辦法啊！」

「好吧！那我也不打擾你了。」

這樣才可以不留疙瘩地讓對方主動離去。

22.——說NO也有其注意事項

換言之，拒絕對方說話方式應該是，先表示抱歉，接著簡單明瞭地說明無法應允的理由，然後讓對方覺得「強人所難實在不應該」而主動打退堂鼓。

人不可能永遠處於被人所求的立場，有時也可能轉換成請求者。如果能夠想到這一點，在拒絕時應該會顧慮到對方的情緒了。

有的公司在大門就張貼著「推銷員請止步」。的確一想到那種硬性推銷又糾纏不休的推銷員，就令人想要張貼這樣的擋箭牌。

不過，這在另一方面卻也似乎表示——碰到推銷員無法斷然拒絕的懦弱感，反而會使推銷員覺得「既然如此，無論如何也要讓你點頭答應。」而更積極地上門推銷。

●曖昧的態度是失敗的肇因

無法斷然地拒絕對方的請求，最後卻屈服地接受。這是自己態度上有問題。一味地逃避並不能真正解決問題。換句話說，自己應該明確地表示出「ＯＫ」或「不」的態度。

當說服者被人回絕時，多半會覺得困惑或表現出不快的表情。態度不明確的人一看到說服者臉上的不快，拒絕的方式就顯得曖昧不明了。

同時，如果是段數超高的說服者，只說了一句「拜託」就保持沉默。於是拒絕者心慌地頻頻解釋，在此如果沒有明確地表示「不」的態度時，很可能就脫口而出許多對方覬覦的事情。這也是說服者的目的。

面對認真地想盡辦法要說服自己的人，如果不明確表示自己的態度，最後一定會被對方所說服。

因此，先決定是否要拒絕對方，一旦下定決心表示「不」時，應該儘早讓對方明白自己的心意。

對於部屬的建議、提案、決定以「不」回絕時，必須立刻告訴對方。有時心想隔天一大早再向部屬表明自己的態度，可是屆時一看到對方卻難以啟口，於是就把事情擱置下來。或因為其他公事繁忙，而把此事忘掉了。結果一、兩天後部屬突然又催促說：

「上次所提的方案，可以開始進行了嗎？」

這時才慌張地說：

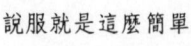

「我還沒有說ＯＫ啊！其實那不行的。」這樣的說詞會讓部屬大失所望。並且覺得「既然如此，為何不早點告訴我。」而憤憤不平。

當對方保留回答時，任何人都會往好的一方解釋。所以，如果是ＯＫ的回答稍微遲一點也無妨。但是，「不」卻必須儘早告知對方。拒絕相親越早越好也就是這個緣故。如果遲遲不表明自己的心態，會傷害到對方的感情，同時，也會影響居中撮合者的心情。

一般而言，越難啟口的事情，越應該刻不容緩的表達自己的心情。個性懦弱的人因為過於在意對方的臉色遲遲不明示自己的意見，最後只有落入對方的掌握之中了。

某詩人曾經在其文章上如此提過。

「沒有比和志同道合的同伴閒聊更愉快的了，經常東聊西扯就是幾個鐘頭。不過，住得較遠的我每次都是第一個離席，這時若慎重其詞地說：

『真對不起……在大家聊得正起勁的時候我必須告辭了，實在是趕著搭最後一班火車……』

這多半會令在座者覺得掃興。

「我曾經在一本書上看過，聽說記憶這種東西是一種物質。只不過是目前的醫學還沒辦法將它攝取出來。如果能攝取出來就有趣了。我現在的記憶是火車的時刻表，我先走了。」

坦率地說完這些話後，毫不遲疑地就起身離席了。

拒絕的方式，最好也能像這個要領一樣，抓住恰當的時機就立刻表白出來。

× × ×

【座右銘】身不善而怨他人，不亦遠乎？患至而後呼天，不亦晚乎？

《韓詩外傳》卷二

自己不好而出現錯誤，去埋怨別人，這樣找原因不是太遠了嗎？禍患發生了，才無可奈何地呼天喊地，這種悔恨不是太遲了嗎？

21.──能率直地說「不」就屬一流

●把握即時良機

蔡小姐很喜歡寫信。自己似乎也頗為得意，舉凡大大小小的事都用書信解決。因為她口才不好，認為只有書信可以暢所欲言，所以，凡事都以書信代勞。

當然，拒絕別人時也用書信，大概是面對面時難以啟口說「不」吧！

記得在某公司中堅職員的研習會裏，有這樣一個問題。

「講電話與面對的情況，那一種比較容易表達自己的意思？」

結果出乎意外地回答打電話比較容易的人居多。原本以為在電話裏因為看不到對方會不好說話，但是，他們的回答是有時看不見對方的情況反而好說話。

像「不」這類難以啟口的話，也許在看不到對方的電話裏比較容易開

口吧！

但是，利用書信或電話拒絕對方的人，多半有「懦弱」「缺乏自信」「不得要領」等傾向，如果要突破這種傾向，必須經歷好幾次直接地面對對方表示拒絕的經驗。如果一再地迴避，不但無法戰勝自己也不能發揮自我主張。

是因為逃避的心態太強才錯失拒絕的良機。其實，任何人在內心裏都明白什麼時候是最恰當的時機。這時應該果敢地採取行動，表白自己的意見。掌握良機並不難，問題是如何保持不逃避的態度。

「不願看到對方不悅的表情」、「不喜歡被人埋怨」任何人都有這樣的心理——完全沒有這種感覺，而能心平氣和地說出令人討厭的事的人反而才是有問題。但是，問題是能否果斷地超越它。如果能夠超越這種心理障礙，就能坦率地拒絕對方。

一名女性對她不喜歡的男性的邀約，如此地回答：

「謝謝你。那麼，像往常一樣在老地方見。」

爽直俐落地說完之後轉身離去。被撇在一旁的男性霎那間丈二金剛似

地摸不著頭腦。

「像往常一樣在老地方見？」

第一次約會怎麼會有像往常一樣的老地方呢？在納悶的瞬間突然想到「啊，原來如此！」雖然該男子被耍了一招卻也不引以為意。

不逃避，坦率地面對對方。這是拒絕他人的一個重要心得。

●保持心理距離

利用電話或書信拒絕對方，的確有其效用。只要不是逃避的手段，有時也不妨多加利用其利點。因為在雙方之間存在著物理上的距離。近在眼前與相隔兩地的差別，自然在親密感上也會有所不同。

所謂「遠親不如近鄰」就是這個緣故。和鄰居每天經常碰面，親密度與日俱增，雖然是和自己毫無關係的他人，但這種親切感卻很難教人開口說拒絕了。

但是，要拒絕鄰居的說服，又不能利用書信。從外面打電話拒絕經常在公司碰頭的同事也不自然。對於近在眼前的說服者，只要刻意地保持心

理距離就行了。說服者會利用人際關係，彼此的親近感，以製造對方難以拒絕的狀況，誘使對方在其設定的狀況下難以說出「不」。這時，被說服者應該試圖表現出「拒人千里之外的態度」「鄭重其事的說話方式」，裝出彼此陌生的樣子。

有一名女性向交往中的男性提出分手的要求，男性不答應。要斷絕人際關係是很不容易的，尤其是男女間的感情糾葛。有人說「放火容易滅火難」，懂得這句話真意的人，在交男女朋友時也許就會考慮好如何分手的問題了。

因此，要成功地斬斷情絲，這名女性必須表現出「慎重其事」「冷淡」的態度，即先拉開彼此的心理距離，然後讓對方明白自己「不」的堅強決定。

即使對方不願妥協，但是，看到女方那異於平常的慎重態度，也無法挽回局面。

花花公子們曾說，追求女性的秘訣是，如何消除她們內心的防線，化解其冷淡疏遠的態度。在怎麼唐突大膽的人，看到對方冷淡鄭重的態度往

往會自亂陣腳了。

在上班族中，常見一起飲酒的資深職員，執拗地對資淺職員勸酒。

「唉呀！有什麼關係嘛！再喝一點。」

「對不起！我想先告辭。」

「為什麼？」

「已經太晚了。」

「說什麼話，還早得很。」

「不過，趕不上公車了。」

「沒有公車還有計程車啊！」

「計程車不好搭。」

「所以，就再等一會吧！到了三更半夜到處都是沒人坐的計程車。」

這樣的問答方式反覆數次也沒有結果。因為，磨磨磳磳的態度正給資深職員趁虛而入的機會。

如果採取這樣的行動結果將會改觀。先快速地站起身來，做出準備回家的樣子。並以認真的表情，鄭重的態度收拾東西準備回家時，資深職員

一定會心慌地問：

「怎麼回事？」

「要回家了嗎？」

即使對方一再地詢問，不必回答他只管向店裏的人說：

「對不起，結帳一下。」

「我付就行了。不過到底是怎麼回事這麼匆匆忙忙地。」

資深職員驚慌地趕忙走到跟前來，這時就果敢地說：

「我住的地方十一點過後就沒有公車了。而且也叫不到計程車，我想先告辭。讓你破費也不好意思，我們均攤吧！」

至少也要斷然地把這些話說清楚。以鄭重的態度明白告知對方。若是個性較懦弱的資深職員也許會說：

「那麼！我也一起回去。」

其中也許有人會露出不歡的臉色，擺出不理睬的態度。

「嗯，要回去就回去吧！我還要留下來喝。」

但是，並不必擔心。酒席上的事和酒一樣，一夜過後就消失無蹤了。

而且這也不是惡言相向或互相毆打的場面。儘管走出去帶著輕鬆的心情回家。隔天早上到公司後先開朗地向對方打招呼——

「昨天晚上真謝謝你。」

如果能夠做到這個地步，就堪稱拒絕高手了。

●提出替代方案以代替拒絕

有的人一聽到反對意見或拒絕的言詞，立刻就臉色大變。有人即使不表現在臉上，內心裏卻覺得非常不痛快。

我們可以責備這種人心胸狹窄，不過，如果被說服者能夠在態度上多花心思也許就能使事情更加圓滿。

「不，這不行」「我不贊成」之類單刀直入的說法，只會觸怒對方的感情。應該先接納對方的建議。

「不過，也有像〇〇的做法，您覺得怎麼樣？」

「A的方式是不錯，不過，不妨也試試B的方法。」

以建議或疑問的形式表達自己的想法，或拒絕的原因，比較不會引起

對方的反抗。因為對方的意見已經獲得認可，當然也會傾聽別人的意見。

誠意是自我表現的原則，也是拒絕時的必要態度。被說服時應該儘可能地以誠心誠意的態度應對，再表示拒絕。換言之，必須隨時保持著替對方著想的態度。

「這個禮拜雖然不行，下個禮拜就有時間了。」

「我雖然不能出面，B似乎沒問題，我替你向他問問看吧！」

向對方提出另一個建議，以代替「不」的表示，儘量地表達自己的誠意。

× × ×

【座右銘】大慎者閉心，次慎者閉口，下慎者閉門。《臣軌下．慎密章》

最謹慎的人，把內心封閉起來；次一等謹慎的人，把口封閉起來；再次一等謹慎的人，把門封閉起來。

22.——責備而使人成長的秘訣

●當局者迷

斥責的溝通方式其特徵是基於現狀不正確，有失偏頗的判斷而要求對方「改正」。

不論是斥責、提醒或忠告都是一種溝通手段。而覺得不滿意就一味地責罵對方，並不在斥責的範疇內。

炎熱的夏天裏常看到兒童拿著水桶汲水玩耍的情形。把手放進水桶裏繞著一定的方向旋轉。然後突然地改變手的方向旋轉時，水桶內的水就四處飛舞，兒童們個個看得不亦樂乎。忠告和這個情形是一樣的，否定對方的現狀，要他往相反方向行動。當然，對方會像水桶內的水濺起飛舞一樣產生反駁、抵抗。因為反駁、抵抗而造成人際關係惡化。使得多年的情誼頓時化為烏有，彼此變成陌路的情形也不少。

但是，如果忠告成功，彼此的關係將會更加親密。

忠告是否認對方的目前狀況，所造成的影響當然不在話下。如果對方接受忠告而改正其措施，就可能掌握住前進的契機。相反地，因為忠告的方式不當，使對方鬧起彆扭來躲進自己的象牙塔裏，造成負面的影響。

據說最近父母對孩子、老師對學生、上司對部屬斥責的情形已經少見了。從前即使是別人的孩子，大人覺得應該責備時就會不假辭色地責備。即使意識到對方可能有所反駁，但是，基於為對方好的心態下也管不了是自己人或別人了。

不再責備人的情形，是因為有越來越多的人害怕對方的反駁，為了迴避看到對方不悅的臉色，想要裝扮成好人的緣故。當然，看到人就胡亂地忠告或說教，的確令人傷腦筋，但是——

「忠告簡直是多管閒事。只有當事者最瞭解自己，就任由他去吧！」採取這種事不關己態度的人越來越多，才是會令人引以為憂的。

其實，所謂當局者迷，對於自己的事自己是最不清楚的。要認識別人倒還容易，了解自己就不簡單了。

人的眼睛是朝向外面。所以，對於別人的事非常清楚。譬如，臉上沾有污泥時，如果不照鏡子自己也不知道，若是對方臉上有髒東西立刻就一目了然。這也是忠告的必要性。如果碰到有人臉上沾著污泥卻認為「這是多管閒事，只管保持沉默。」這個社會會變得如何呢？

●忠告的本質是「對事不對人」

常聽人說「忠告不當反而會觸怒對方，倒不如不說的好。」這裏所說的「不當」除了是指忠告的方法有失妥當外，也包括忠告的態度及精神。

忠告是一種現狀否定，即指責對方的行為是錯誤的。

- 經常遲到。
- 飲酒過量給人添麻煩。
- 和品性不良者交往。
- 不遵守約定。
- 工作時常出錯。

對於對方不良的行為要求其改進，就是忠告。

但是，忠告者有時並不只斥責對方的行為而對其個人全部的否定。譬如，孩子拖拖拉拉的準備出門，母親就大聲地怒吼：

「你為什麼總是這麼慢吞吞呢？每次都像蝸牛似地！」

這句話的意思簡直就是責備他出門時每次都慢吞吞，或者做什麼事都磨磨磳磳一點也不迅速俐落，聽在孩子心裏當然不痛快。

部屬犯了過失、工作上出差錯時，當然必須責備，但是，

「每次都這樣，真是沒用的傢伙。」

這種以偏概全的責備方式是相當危險的。畢竟失敗的原因有許多，而且也不是每次都做事失敗。如果看到部屬接二連三地犯錯就責備他？

「又做錯了，到底要做錯幾次才甘心！」

這種說詞只會讓對方感到氣餒而已。失敗只是一種經驗，應該告訴他：

「這有點不像你哦！怎麼會連續三次都犯錯。」

最好是以肯定對方的方式來責備他。

「什麼！又是你。我也猜想可能就是你。」

當聽到這樣的責備方式，彷佛對方正期待著自己的失敗一樣，內心的

22.——責備而使人成長的秘訣

不快是理所當然的。

否定其行為並要求改進，卻必須肯定其個人。忠告者必須保持這樣的態度。不論是忠告或斥責，其目的都是要對方從錯誤中改進成長。如果責備的結果卻讓對方一蹶不振，這時才真的是「不要忠告反而好」。

斥責者在斥責對方的失敗時，會因其對失敗的看法而改變斥責的方式。

一位讀高中的兒子對他爸爸說：

「爸爸，我沒做什麼事爸爸卻罵我。」

臉上帶著一點不服氣的表情。聽到這句話的爸爸立刻回答說：

「你在做什麼事的時候，我都不會責備你，就是什麼都不做，才責備你呀！」

爸爸的回答令人肅然起敬。什麼都不做才責備。如果做了什麼事，即使是失敗的也不責備。這個斥責方式中表露了「既然生存就要做點事」的積極人生觀。

某作家曾經說過：

「什麼都不做的人沒有過失。過失是做了什麼的證據。」

這句話說得真好。有做事才有失敗。「過失是做了什麼的證據」，「做了什麼」比「什麼都不做」更了不起。

忠告不是為一點過失吹毛求疵，也不可以一個錯誤就以偏概全地斷定有錯失者必定是「無用的人」。應該保持對事不對人的態度。

●斥責前的留意事項

進公司才一年的年輕職員以「在公司覺得高興的事，令人生氣的事」為題，各自發表自己的經驗談。

結果高興的事依序是：

- 上司、資深職員隨和地向自己打招呼。
- 工作順利完成被誇獎時。
- 碰到困難時，同事會表示關心並給予建議。

對剛到公司還不清楚工作狀況的新進職員而言，以上所表現的態度會讓他們覺得欣喜萬分。

相反地，令他們忿恨的代表事例是：

・正想做某事時卻被強迫做其他的事。

・針對同樣的事被囉嗦不停。

・不指導，但一看到失敗就嚴厲斥責。

第一項是公司裏常見的情形，是不顧對方的狀態所造成的說服失敗。

第二是有關斥責的例子。再三地反覆同樣的事時，任何人都會覺得不耐煩，甚至想要反駁。囉嗦的忠告方式趕快畢業吧！用一句話簡短扼要指出問題的核心就足夠了。

第三也是有關忠告的例子。它暗示著製造讓被說服者容易接受的情況的必要性。

想要對方怎麼做，應該事先清楚地教導對方。之後，如果對方有所過失就可以義正嚴詞地責備，同時，被責備者也能心悅誠服。如果，事先一句話也不說，只在發生錯誤時大發雷霆，任何人當然會覺得不快。

「為什麼不事先告訴我應該著手的方向。」

工作進展不如預期順利時又聽到別人的嚴厲斥責，自尊心是會受到傷害的。

23. ——斥責時的三個要點

●要點(1)——採取「一對一」或「大庭廣眾之前」的方式

對人忠告時似乎都以「一對一」的方式為原則。的確，在大庭廣眾之前被人斥責並不是件愉快的事。有不少人會因為在眾人之前丟人現眼而懷恨在心。因為旁人的耳目比所斥責內容更令人在意。

但是，在現實中卻也有許多必須在大庭廣眾之前斥責的事。問題是在盛怒之際，全然不顧所處的場所或在眾人之前，毫不留情地數落對方的態度。

如果覺得這時候必須嚴加指責時，當然即使在眾人之前也必須斥責。同時，如果認為利用複數的場所以提高斥責的效果時，也不一定要保持「一對一」的原則。

在大眾之前斥責較好的情況有下列幾種：

23.——斥責時的三個要點

一、違反大家所應該遵守的紀律時。有人違反紀律，而且其他同事都知情時，身為上司的責任者，如果不加以指責等於默認了可以違反紀律的意思。結果，以後即使有人一而再地違反紀律也不能給予指責了。

當碰到這種不容允許的情況時，採取「一對一」的方式並不恰當。應該在其他人在場的時候直接地斥責他。

斥責的行為除了當事者之外，也可暗示在場的其他人，讓他們把「千萬不可做的事」烙印在其意識裏。

若是明顯違反紀律的事，即使是在大庭廣眾之前當事者也無辯解的餘地。明確地指出行為的不當，反而令人清爽，相反地，若是無旁人在場的斥責，多半會留下心理的疙瘩。

不過，必須平常就要明確地掌握住何種行為是違反紀律，碰到什麼樣的事即使在人前也必須直接斥責。換言之，斥責的基準必須清楚。

二、必須考慮到對方的性格，以及對周遭所造成的影響。

三、暫且歸類為「其他」。如果一而再地指責卻依然故我時，可能是沒有認真地思考被指責的原因，或目中無人自以為是。這時在眾人之前嚴

加斥責也是給予對方刺激的一個方法。

●要點(2)——比較式的忠告要有技巧

任何人應該都有過這樣的經驗吧！

「隔壁的小華比你小一歲，但是，每天一大早起床就會幫忙掃地做家事。像你只會躲在棉被裏睡懶覺，真是沒用！」

「阿明，你看看前面王太太家的小勇。在班上都是考第一、第二名。而你的成績總是滿江紅。也不學學人家小勇用功一點。」

任何人大概都有被母親、父親如此責備過的經驗吧！為什麼長大之後還記憶猶新呢？原因只有一個，覺得不愉快罷了。一有什麼事就拿其他孩子為例的斥責方式令人不快。

被和鄰近的人作比較時，更會突顯自己的缺點，當然令人憤恨。而以斥責者的立場來看，這種方式比較能夠讓對方瞭解，而且希望對方能夠以身邊的例子為目標，儘量改正自己的過失。因此，以比較式的忠告來斥責對方，但是，這個方式只會引起對方的反感而且結果會大失所望。

任何人都有自尊心。當被人數落「比○○可差得多了」時，自尊心會受到嚴重的傷害，而立刻產生反動的情緒。

「讓太太生氣是非常簡單的事。」

某男子嗤笑地說。

「你是說在外拈花惹草囉！」

「不用這麼大費周章，輕易地就可以讓她生氣。」

「難道還有特別會讓人家生氣的事嗎？」

「當然有啊！偶爾也可以拿來當作消遣。

（隔壁的太太長得真漂亮，你和她比起來……）

只要這麼說就夠了，太太一定臉色大變地說：

『你說這話是什麼意思呢？』」

這種人簡直是無聊，不過，在有比較下而「詆毀」「斥責」的確會讓對方感到不快。

被斥責者甚室會對被引以為例的對象懷恨在心。而有的孩子也會不服氣地認為像小華、小勇只是功課好而已，到了學校我就是孩子之王了。

也有的孩子會說「小勇的成績是好，那是因為父親棒的關係，可惜……」藉此洩其心中大恨。甚至比較會打架的孩子會假藉其他理由毆打隔壁的孩子，並且指責罵他「都是你，我才挨罵！」

比較時，就以當事者自己做比較。

「你去年的表現很好啊！怎麼今年好像變了人一樣地無精打采。提起精神來！現在對你而言是最重要的時期。」

既然被比較的是自己本身，也就無從發怒了。有時還會讓當事者想起昔日那充滿活力的他而醒悟過來。

另外，也可以以斥責者本身為例來說服對方。

「每個人都差不多。」

「……？」

「想想我在你這樣的時候，對工作總是提不起勁來，老是錯誤百出。你是有實力的人，只要留意一點的做應該不會出錯才是。」

聽到忠告者以自己做比較，又把自己貶低的說詞，會令被忠告者感到一股人情味。

●要點(3)——忠告並不需要「附贈禮物」

忠告有如苦茶一點也不好喝。

因此，必須只著重在所斥責的事情。如果又牽東扯西地囉嗦個不停，會令被忠告者覺得不耐煩，而觸怒其感情。

「趁這個機會附帶一提……」

「說著說著我又想起來了，上一次你也……」

斥責時卻接二連三地提出對方曾經有過的過失，是最愚笨的做法。一般平常忍耐著想要斥責的衝動的人，一旦開口大罵時很容易想到以前所積壓的不快而不停地指責對方，這一點必須特別地留意。

× × ×

【座右銘】惡言不出於口，忿言不反於身。

《禮記．祭義》

不對別人說難聽刺耳的話，憤怒無禮的語言就不會回到你自己身上。

希望別人尊重自己，首先自己就必須尊重他人；反之，別人也不會尊重你。

24. ──利用讚美巧妙地說服人

●「讚美」與「奉承」不同

有的人聽到「讚美」就顯出不快的表情。甚至也有人露骨地表示輕蔑的態度。

因為有不少人在內心裏覺得：

「這全都是信口開河。」

「口頭上的甜言蜜語只會陷害人。」

「拍馬屁者的真心不得而知。」

很明顯地這是把「讚美」與「奉承」混為一談了。「奉承」是為了某種目的把對方高高捧在上的作法。為了抬舉對方使對方感到得意，自然就著重在「甜言蜜語」上，因為是為了博得對方的歡心，所以，也可以解釋為「拍馬屁」。

因此，嚴格地說「奉承」是「信口開河」，使對方自鳴得意而可能造成「傷害對方」的結果。

有價值、長處、優點才值得「讚美」之名。因此，讚美的行為絕對不是「信口開河」也不會造成「傷害對方」的結果，更絲毫沒有「拍馬屁」的意味。相反地，因為讚美會使人產生信心，鼓起積極向前的勇氣。其結果會使人變得開朗而愉快。

看到不良的行為，必須給予忠告要求改進，但是，如果有好的表現時也應該給予讚美。因為任何人被讚美時，就會盡力地表現以不負所望。

●讚美的內容將判定該人的價值

在任何地方都有做事懂得要領，會不留痕跡地表現自己的人。而且很容易見風轉舵，看到事情有圓滿的結局時，立刻挺身而出，表示自己的能幹，但是，一看到情況不妙時，立刻裝出一副事不關己的態度。

缺乏洞察力的人，只會注意到這種粉飾門面的外表，對其行為大為佩服。這看在有心人的眼裏簡直大失所望。

讚美是認識價值，發現優點。因此，看一個所讚美的內容就知道其份量了。

被讚美者若是聽到千篇一律的誇獎，不但不覺得高興反而感到困擾。而且聽到名實不符的讚美，不但覺得莫名其妙，甚至會惱怒的以為被人當傻瓜。

但是，如果是被讚美後才恍然大悟的優點，反而會心存感謝而且欣喜萬分。

因此，要成為一個懂得讚美的人，首先必須具備銳利的眼力，磨練自己分辨好壞，察覺優點的眼力。

「讚美的確是非常重要，但是，我們這個地方卻找不出一個值得讚美的人。」

碰到這種發言者，最好的回答是：

「沒有一無是處的人，只是你沒有察覺而已。」

不過，有時即使知道對方的優點，卻感到排斥感而說不出讚美話來。最好的例子就是讚美與自己實力相當的勁敵。

工作的勁敵常有新鮮的點子，的確有其優秀的實力。但是，如果肯定他而讚美說「他是個了不起的人」時，恐怕會被對方超越，而且不服輸的情緒越強時，反而會扯後腿地說：

「他這個人總喜歡獨斷獨行。」

另外，也有下列這種情況：

「不可以譭謗同業競爭敵手的製品，應該讚美其優點。」

雖然心裏認為這是理所當然，但是，當顧客讚美勁敵出產的商品時，嘴裏卻會酸酸地說：

「是啊！A公司也做得不錯。」

說話方式顯得不自然時，因為那並非發自內心的讚美。

藉由讚美的行為也可看穿一個人的氣度。寬宏大量又有氣度者，才能誠心地讚美對方的能力、優點。因此，凡事都該量力而為，以坦率的心情去接受別人的好處。

在一群主任工程師的研修會裏，幾名大學剛畢業的新進職員在後座聽講。他們為了取得基礎技術，經過半年的學習，在最後的階段到主任工程

師的口才研修班聽講。

三分鐘演講的實習開始了，但是，主任級的人卻沒人上臺演溝。經過了一段鬱悶的沉默後，一名後排的新職員站起來說：

「可不可以讓我上台演講？」

他走到講台說了三分鐘。口才並不算好，但是，充滿熱誠的態度頗令人好感。

他回到座位上後，一名主任舉手後走到台前。

「新進職員林先生上台演講的勇氣可嘉。做為長輩又是主任的我卻猶豫不決，實在令人可恥，因為林先生的行動，我也想上臺說些話。」

主任的態度也值得嘉勉。不但能夠坦率地讚美新職員的勇氣，又能藉此激勵自己。讚美的行為反而促成彼此成長的結果。

●害羞就無法成為會讚美者

若要成為懂得讚美的人，還有一個必須附帶一提的問題。一般人在讚美時多半有害羞的傾向。雖然內心裏想要讚美，但是，話到嘴邊卻因為害

羞而說不出口。

原因之一是和奉承混為一談所造成，一般人會擔心讚美或許被人以為是奉承。但是，最大的理由是讚美時所帶有的「羞愧感」。讚美的行為是一種華麗的表現，但是，這種表現對一般人而言卻難以表達。即使是要誇獎對方的長處，利用讚美這種醒目的方式會令人感到羞赧。

因此，無法坦率地說出讚美話。

太太的親手料理時好時壞，且好壞的差距甚大。當丈夫覺得好吃時，如果爽直地表示讚美，太太的手藝一定進步。但是，丈夫很害羞，即使碰到好吃的料理——

「哦！這是偶然的產物嗎？今天的可真好吃。」

就變成這種說詞。鬧彆扭的太太就感到不滿：

「說什麼偶然的產物。我可是花了不少心思做的……」

隔天飯桌上的菜一定不好吃了。

在夫妻雙方都是上班族的情況下，當太太先回家做完晚飯時，如果丈夫一句話也不說，太太勢必會抱怨：

「為什麼只有我必須成為犧牲者？」

慰藉太太的辛勞，讚美詞是必須的。

在中年男性中，有些人認為太太應該了解自己內心的讚美。但是，這只不過是男人的自我滿足，以太太的立場而言，若先生心中真有此意，應該脫口而出才對。

害羞是對自己的感情。而讚美是滿足對方情緒的作用。如果只顧自己而忘了滿足對方的需要，就無法成為懂得讚美的人。

如果想要博得對方的歡心，就應把害羞打入冷宮，坦率地說出讚美話來。

× × ×

【座右銘】眾人之毀譽，浮石沈木；群邪所抑，以直為曲。

《新語．辨惑》

眾多的攻擊或捧場所造成的輿論，可以使石塊浮起，使木頭下沈；成群的邪惡之徒的誹謗，可以把正直的說成為邪惡的。

25.——成為懂得讚美者的五個要點

●要點(1)——立刻讚美

當有人達到值得賞識的業績時，必須懂得其辛勞給予賞識，但是，給予獎賞的時機非常重要，錯失良機又無法深刻地打動對方的讚美方式是最笨拙的。

斥責時也要看時機，必須在應當斥責的理由擺在眼前時斥責對方。等到時機一過，再責備「上一次也是這樣」時，會產生不良效果。

總而言之，應該儘早讚賞值得讚賞的事，讓對方高興才更有效果。

這的確是實踐性的教訓，值得運用。當被責備者在事過境遷之後聽到「上一次也是這樣」時，一定覺得納悶——「那麼，為什麼不早點告訴我呢？」

「讚美千萬不可偷懶，如果只因為吝惜一點時間，覺得再等一會兒也

無所謂，結果一轉眼就拖過一、兩天。碰到值得讚美的事，應該當場就說「太好了」「不愧是高手」「成功圓滿」。

有好的表現立刻讚美。無法做到這一點而喜歡拖延時間的人，是屬於喜歡擺架子的類型。這種人不會分享對方的喜悅，只會思考如何提高自己的威嚴。既然愛擺架子就無威嚴可言。人應該坦率地讚美對方才對。

●要點(2)——無條件的讚美

有一個孩子數學成績一直不好。有一次發憤地考了個好成績。這孩子欣喜若狂地從學校回到家後，立刻向父親報告。但父親怎麼說呢？

「這次數學考得還不錯。但是，自然科卻退步了。」

孩子在那霎那間勢必有如洩氣的氣球般——洩氣、失望。

事實上，許多人對讚美帶來極為強烈的警戒心。

「讚美的確重要，卻不可過度讚美。」

「一味地讚美容易驕縱孩子。」

「為了不讓對方自鳴得意，讚美要適可而止。」

的確，任何人碰到事情圓滿時都有樂昏了頭的傾向，正如「樂極生悲」的教訓，收斂一下情緒是必要的。但是，讚美也需要如此地警戒嗎？

有一名部屬認真地處理某件棘手的工作，結果事情圓滿地解決。上司慰勞他並讚美說：

「真辛苦你了，做得真好。」

當部屬正覺得高興時，卻又聽到上司說：

「如果平常都這麼做就好了。」

這句話頓時使部屬的臉上失去笑容。這是讚美卻附帶條件的例子。而這種例子在工作場合裏經常可見。不可讓對方過份得意的觀念，就在這種條件式的讚美上顯露無遺。

應該重視讚美所帶來的喜悅。如果擔心對方會因此得意忘形，就以更高的目標引導對方。

前例的父親如果這樣回答：

「很好，真不簡單噢！你只要認真讀書就有好成績，下次用功一點自然科的成績一定也會變好。」

公司的上司也說：

「做得好，了不起。既然能夠做到這樣的地步，怎麼樣，要不要試著向○○挑戰看看。」

必須積極地讚美對方。不要說「每次都這樣」，而應該是「以後都像這樣努力」以積極鼓勵的口吻讚美對方。因受到讚美而產生的鬥志會因一個更高的目標而變得更高昂。

●要點(3)——針對別人的長處讚美

以「被讚美的經驗，被斥責的經驗。」為題要求職員演講時，結果內容多半是被斥責的事。也許是印象裏所留下的被讚美經驗並不多吧！

總而言之，人的注意力比較傾向於斥責的場面。讚美與斥責的目的都是想要領導對方往更好的方向行動。而讚美是利用發現對方的優點以達到其目的，斥責則是改正對方的缺點或過失以引導對方。

讚美或被讚美的經驗較少，也許是缺點比較容易引起人的注意。事實上，在我們的周遭非常盛行指責他人錯失的「扣分主義」。

沒有一無缺失的人，同樣地也沒有一無是處的人。任何人都一定有他的優缺點。而缺點有時也會因看法的不同而變成優點，優點也會有其負面的作用。所以，如果只是以否定性的一面來評定一個人的態度、行動，處處採取扣分的態度，恐怕連優點也會銷聲匿跡。

即使不必他人指責，當事者多半會自覺到自己的缺點。這時若聽到別人囉嗦不停的責難，反而會喪失鬥志與信心。

在別人所認為的缺點之中，有時也隱藏著好的一面。要極力地去發掘它並給予讚美，說服者的立場不是基於扣分主義，而是加分主義。

●要點(4)——在眾人前讚美時

一般認為斥責要採取一對一的方式，而讚美最好在大庭廣眾之前。其實這並不簡單。前面已經提過斥責時的注意事項，接著就來談談讚美時的場所問題。

當人聽到別人被讚美時，並不見得會坦率地與之分享喜悅。有時甚至因為嫉妒的本性而懷恨被讚美的人。所以，被讚美者由於在意周遭人的反

應，有時反而認為被讚美是一種麻煩。

因此，在眾人之前讚美時，第一個條件是對方必須是公認值得讚美的人，換言之必須保持客觀而公平的態度。否則，會遭來誤會說：「經理只會讚美黃先生，處事不公。」

具有實力又值得被讚美的人，如果經常在某固定的人之前被讚美時，會造成其他人覺得「又來了」「只要他在其他人都不得超生了」，讓團體的氣氛變得沉悶而尷尬。

對於屢犯錯誤而失去自信的人，故意在人前讚美他，可能讓他恢復原有的自信。如果周遭的人，也希望「他能趕快恢復自信」時，更能達到預期的效果。

●要點⑸——被讚美時的應對方式

既然讚美時會感到害羞，當然被讚美時也有人會覺得不好意思。甚至有些人聽到別人讚美自己的公司也會感到臉紅。

「貴公司最近生產的小型車很不錯噢！」

「啊！那裏那裏，其實也沒什麼。」

這種應對態度反而會令讚美者感到困惑。雖然客氣（謙遜）有時是一種矜持的表示，然而過度客氣則不足取。

被讚美時儘管坦率地表示喜悅。聽到「太好了」「了不起」的讚美詞時，就立刻表示「謝謝！」「聽您這麼說做這件事就有價值了。」坦率地去接受別人的讚美。

如果表現出謙遜的樣子說「其實並不如你說的那樣。」或懷疑地認為「為什麼這麼讚美我呢？」就不恰當了。

同時應該回報別人的期待。受到讚美不光只是感到高興，還要以更好的成果回報讚美者的期待。

× × ×

【座右銘】過而不改，是謂過矣。 《論語・衛靈公》

對自己的過錯拒絕改正，這種態度才真正是一種過錯。

26. ——領導者的說服術

●領導者的兩種類型

在擁擠的火車上，一名體格健壯的中年人，悶聲不響地推擠其他的人往前移動。同時也不打聲招呼說聲對不起，就把一件大行李放在別人頭上的網架上。

這種強迫性又蠻橫的態度，令車內其他的人感到忿恨。

這個人看起來可能是在公司裏身分不凡的人，似乎把火車和公司混在一起了。

公司裏的經理、課長級的人都擁有相當權限。可以利用一道命令差使別人行動。命令帶有強制力，每個人不得不從。不想因違抗命令而招來上司的責難，多數的部屬都對上司唯言是聽，因此，造成上司不覺得以命令差使人有何不當，甚至錯覺地以為每個人都在自己的掌握中行動。自我膨

26.——領導者的說服術

脹的結果，最後竟然把公眾的火車當做公司一樣地看待了。

要求別人行動有「命令」與「說服」兩個方式。命令是一種權限，一般人在表面上雖然心悅誠服的樣子，其實內心並不然。甚至還帶有「迫不得已」「不耐煩」的心態。

賢明的領導者會留意到這種人的心理，除非萬不得已，否則儘量不使用命令。

而說服是誘使對方自動自發的一種嘗試。

因此，蠻橫的態度、強迫式的做法只會失敗不會成功。如果經常利用說服的方式策動人，就不會在火車上表現出令周遭人不快的行為了。

因為，從說服中體驗各種人心的變化，深具說服力的領導者會增加其人性的魅力。

依分類，領導者可分為兩種類型。

一是，「強迫型」。帶頭領先發號施令的類型。

二是，尊重各人的自主性誘導其能力、意欲的類型。即「引導型」。

這裏並不涉及這兩種類的優劣差別，只是單純地討論所謂領導者是屬於哪一種類型。

在人的價值觀多樣化、高學歷化的現代社會，「引導型」的領導者有日漸增加的趨勢。不過，不論是哪一種類型的領導者，都必須具有相當的說服力。

「強迫型」的上司如果一味地採取單向、強迫式的做法，很容易變成專斷自為的領導者，而造成人心向背的結果。

至於「引導型」的上司，如果只在自主性的美名之下任由部屬自由發揮，可能變成放任型的領導者，對部屬失去統御能力，造成一盤散沙。

說服力才是領導者不可或缺的條件。而在公司團體組織中的領導者，若要擁有說服力必須有兩個條件。

一是工作的能力，或工作上的實績。公司是工作的地方，若無工作的實力就無法統率部屬。當然，其說服力就有如煙霧一般消逝無蹤。

二是人性的魅力。儘管工作能力再強，如果凡事專斷自為，只會令人心生畏懼，而造成部屬「跟不上」「合不來」的感覺，在這種情況下是無法發揮說服的效果。

除了工作上的實績之外，還必須能掌握人心，讓人感到有魅力，會令人覺得「若是這個人說的話我一定遵從」的領導者才能充分發揮說服力。

在此先不談工作上的能力。只針對人性的層面做幾點敘述。

●有魅力的領導者說話句句由衷

具有人性魅力的人，說話會句句由衷。亦即發自內心的感覺，表達其心裏的感觸。

不過，處於上司職位的人，當然有時也有許多必須粉飾門面的場合。同時，這一點也是身為領導階層者所必備的能力。一味地強調「真心本意」而蔑視表面原則的重要性，是錯誤的。

但是，在每天必須重視外表原則的生活中，也可能變成完全掩飾自己真心的人。在日積月累之下變得只會說表面話而沒有真情的流露。

這樣的領導者不但不會獲得他人的支持，人性的魅力也蕩然無存。

重視自己原有的感覺，有時並且把它坦率地表現出來。這時，上司與部屬，領導者與成員間的距離會急速地縮短，彼此倍覺親近。

學生忘了拿東西就在眾人面前施予嚴厲處罰的某女老師，和學生們談論「如何使教學旅行更愉快」的問題時，說：

「在不給別人添麻煩的範圍內，偷偷地違反紀律。」

這個發言讓在座的學生們驚喜萬分。這時，女老師的表情顯得神采奕奕。

「我自己也有過經驗。學校教學旅行的規矩總是特別地嚴格。因此，難得的一趟旅行變得毫無趣味，實在可惜。所以，只要一點點在不給別人增加麻煩的範圍內違背紀律。你們說，有趣吧！」

孩子們拍手歡呼，個個都對老師敬愛有加。

現代的年輕人對主管級的領導者的觀察非常敏銳。只會隱瞞真心意，說表面話的領導者，在他們眼中是紙包不住火的，同時還會造成他們的不信任感。

說真心話還有另一層意思，是指要說中問題的核心、要點。不要拐彎抹角地東拉西扯，應該毫無忌憚地指出問題的核心。這樣，不但會使事情豁然開朗，還可以使部屬心悅誠服。從這裏也可以令人感到領導者的人性

魅力。

●肯定別人才能獲得支持

某公司在其社內刊物上舉行主管的人緣票選。人緣本來是自然產生的現象，並不是可利用投票而決定的東西。不過，藉由人緣的票選中，上級主管似乎可分為三種類型，「令人喜歡的上司」「可有可無的上司」「令人討厭的上司」。

「令人喜歡的上司」亦即能受到部屬們支持的上司，不過為數甚少。只有獲得支持的上司才能發揮說服力。因為具有人性的魅力又能夠掌握人心才能夠獲得支持。

任何人都具有「被肯定」「被了解」「被評價」的願望。

D·卡內基曾說：

「人性的根本是，想盡辦法要被別人肯定的一種渴望。」

優秀的領導者，就是懂得人所具有的這種迫切願望，並且可以使其滿足的人。

理解部屬的心情、表達關心、親切地問候。這看似簡單的事情，卻鮮少有領導者做得到。

× × ×

【座右銘】言不務多，必審其所謂；行不務多，必審其所由。
《孔子家語・儀解》

說話不必求多，但必須考慮說的主旨是什麼；做的也不求多，而必須研究為什麼要這樣做。

5. 開拓未來的他界科學　陳蒼杰譯　220 元
6. 世紀末變態心理犯罪檔案　沈永嘉譯　240 元
7. 366 天開運年鑑　林廷宇編著　230 元
8. 色彩學與你　野村順一著　230 元
9. 科學手相　淺野八郎著　230 元
10. 你也能成為戀愛高手　柯富陽編著　220 元
11. 血型與十二星座　許淑瑛編著　230 元
12. 動物測驗—人性現形　淺野八郎著　200 元
13. 愛情、幸福完全自測　淺野八郎著　200 元
14. 輕鬆攻佔女性　趙奕世編著　230 元
15. 解讀命運密碼　郭宗德著　200 元
16. 由客家了解亞洲　高木桂藏著　220 元

・女醫師系列・品冠編號 62

1. 子宮內膜症　國府田清子著　200 元
2. 子宮肌瘤　黑島淳子著　200 元
3. 上班女性的壓力症候群　池下育子著　200 元
4. 漏尿、尿失禁　中田真木著　200 元
5. 高齡生產　大鷹美子著　200 元
6. 子宮癌　上坊敏子著　200 元
7. 避孕　早乙女智子著　200 元
8. 不孕症　中村春根著　200 元
9. 生理痛與生理不順　堀口雅子著　200 元
10. 更年期　野末悅子著　200 元

・傳統民俗療法・品冠編號 63

1. 神奇刀療法　潘文雄著　200 元
2. 神奇拍打療法　安在峰著　200 元
3. 神奇拔罐療法　安在峰著　200 元
4. 神奇艾灸療法　安在峰著　200 元
5. 神奇貼敷療法　安在峰著　200 元
6. 神奇薰洗療法　安在峰著　200 元
7. 神奇耳穴療法　安在峰著　200 元
8. 神奇指針療法　安在峰著　200 元
9. 神奇藥酒療法　安在峰著　200 元
10. 神奇藥茶療法　安在峰著　200 元
11. 神奇推拿療法　張貴荷著　200 元
12. 神奇止痛療法　漆 浩 著　200 元

・常見病藥膳調養叢書・品冠編號 631

1. 脂肪肝四季飲食　蕭守貴著　200 元

6. 正傳合氣道　程曉鈴譯　200 元
8. 格鬥空手道　鄭旭旭編著　200 元
9. 實用跆拳道　陳國榮編著　200 元
10. 武術初學指南　李文英、解守德編著　250 元
11. 泰國拳　陳國榮著　180 元
12. 中國式摔跤　黃　斌編著　180 元
13. 太極劍入門　李德印編著　180 元
14. 太極拳運動　運動司編　250 元
15. 太極拳譜　清・王宗岳等著　280 元
16. 散手初學　冷　峰編著　200 元
17. 南拳　朱瑞琪編著　180 元
18. 吳式太極劍　王培生著　200 元
19. 太極拳健身與技擊　王培生著　250 元
20. 秘傳武當八卦掌　狄兆龍著　250 元
21. 太極拳論譚　沈　壽著　250 元
22. 陳式太極拳技擊法　馬　虹著　250 元
23. 二十四式/三十二式 太極 拳/劍　闞桂香著　180 元
24. 楊式秘傳 129 式太極長拳　張楚全著　280 元
25. 楊式太極拳架詳解　林炳堯著　280 元
26. 華佗五禽劍　劉時榮著　180 元
27. 太極拳基礎講座：基本功與簡化 24 式　李德印著　250 元
28. 武式太極拳精華　薛乃印著　200 元
29. 陳式太極拳拳理闡微　馬　虹著　350 元
30. 陳式太極拳體用全書　馬　虹著　400 元
31. 張三豐太極拳　陳占奎著　200 元
32. 中國太極推手　張　山主編　300 元
33. 48 式太極拳入門　門惠豐編著　220 元
34. 太極拳奇人奇功　嚴翰秀編著　250 元
35. 心意門秘籍　李新民編著　220 元
36. 三才門乾坤戊己功　王培生編著　220 元
37. 武式太極劍精華＋VCD　薛乃印編著　350 元
38. 楊式太極拳　傅鐘文演述　200 元
39. 陳式太極拳、劍 36 式　闞桂香編著　250 元
40. 正宗武式太極拳　薛乃印著　220 元
41. 杜元化＜太極拳正宗＞考析　王海洲等著　300 元
42. ＜珍貴版＞陳式太極拳　沈家楨著　280 元
43. 24 式太極拳＋VCD　中國國家體育總局著　350 元
44. 太極推手絕技　安在峰編著　250 元
45. 孫祿堂武學錄　孫祿堂著　300 元
46. ＜珍貴本＞陳式太極拳精選　馮志強著　280 元
47. 武當趙堡太極拳小架　鄭悟清傳授　250 元
48. 太極拳習練知識問答　邱丕相主編　220 元
49. 八法拳 八法槍　武世俊著　220 元
50. 地趟拳＋VCD　張憲政著　350 元

・中華傳統武術・大展編號 114

1. 中華古今兵械圖考　裴錫榮主編　280 元
2. 武當劍　陳湘陵編著　200 元
3. 梁派八卦掌（老八掌）　李子鳴遺著　220 元
4. 少林 72 藝與武當 36 功　裴錫榮主編　230 元
5. 三十六把擒拿　佐藤金兵衛主編　200 元
6. 武當太極拳與盤手 20 法　裴錫榮主編　220 元

・少 林 功 夫・大展編號 115

1. 少林打擂秘訣　德虔、素法編著　300 元
2. 少林三大名拳 炮拳、大洪拳、六合拳　門惠豐等著　200 元
3. 少林三絕 氣功、點穴、擒拿　德虔編著　300 元
4. 少林怪兵器秘傳　素法等著　250 元
5. 少林護身暗器秘傳　素法等著　220 元
6. 少林金剛硬氣功　楊維編著　250 元
7. 少林棍法大全　德虔、素法編著　250 元
8. 少林看家拳　德虔、素法編著　250 元
9. 少林正宗七十二藝　德虔、素法編著　280 元
10. 少林瘋魔棍闡宗　馬德著　250 元
11. 少林正宗太祖拳法　高翔著　280 元
12. 少林拳技擊入門　劉世君編著　220 元
13. 少林十路鎮山拳　吳景川主編　300 元

・迷蹤拳系列・大展編號 116

1. 迷蹤拳（一）+VCD　李玉川編著　350 元
2. 迷蹤拳（二）+VCD　李玉川編著　350 元
3. 迷蹤拳（三）　李玉川編著　250 元
4. 迷蹤拳（四）+VCD　李玉川編著　580 元

・原地太極拳系列・大展編號 11

1. 原地綜合太極拳 24 式　胡啟賢創編　220 元
2. 原地活步太極拳 42 式　胡啟賢創編　200 元
3. 原地簡化太極拳 24 式　胡啟賢創編　200 元
4. 原地太極拳 12 式　胡啟賢創編　200 元
5. 原地青少年太極拳 22 式　胡啟賢創編　220 元

・道 學 文 化・大展編號 12

1. 道在養生：道教長壽術　郝勤等著　250 元
2. 龍虎丹道：道教內丹術　郝勤著　300 元

國家圖書館出版品預行編目資料

說服就是這麼簡單／鄭佳軒編著
－初版－臺北市，大展，民 94
面；21 公分－（成功秘笈；4）
ISBN 957-468-345-1（平裝）
1. 口才 2. 應用心理學
192.32 93018265

說服就是這麼簡單

ISBN 957-468-345-1

編 著 者／鄭 佳 軒
發 行 人／蔡 森 明
出 版 者／大展出版社有限公司
社 址／台北市北投區（石牌）致遠一路 2 段 12 巷 1 號
電 話／(02) 28236031・28236033・28233123
傳 真／(02) 28272069
郵政劃撥／01669551
網 址／www.dah-jaan.com.tw
E-mail／service@dah-jaan.com.tw
登 記 證／局版臺業字第 2171 號
承 印 者／國順文具印刷行
裝 訂／協億印製廠股份有限公司
排 版 者／千兵企業有限公司
初版1刷／2005 年（民 94 年） 1 月

定 價／200 元